国家自然科学基金项目（71673215）
国家自然科学基金项目（71974158）

U0517025

市场化改革条件下

中国文化创意产业

技术效率的
动态与空间演进研究

杨秀云 赵科翔 ◎ 著

中国财经出版传媒集团

经济科学出版社
Economic Science Press

图书在版编目（CIP）数据

市场化改革条件下中国文化创意产业技术效率的动态与空间演进研究/杨秀云，赵科翔著.
—北京：经济科学出版社，2019.9
ISBN 978 - 7 - 5218 - 0659 - 5

Ⅰ.①市…　Ⅱ.①杨…②赵…　Ⅲ.①文化产业 – 产业发展 – 研究 – 中国　Ⅳ.①G124

中国版本图书馆 CIP 数据核字（2019）第 129766 号

责任编辑：程辛宁
责任校对：隗立娜
责任印制：邱　天

市场化改革条件下中国文化创意产业技术效率的动态与空间演进研究

杨秀云　赵科翔　著

经济科学出版社出版、发行　新华书店经销

社址：北京市海淀区阜成路甲 28 号　邮编：100142

总编部电话：010 - 88191217　发行部电话：010 - 88191522

网址：www. esp. com. cn

电子邮件：esp@ esp. com. cn

天猫网店：经济科学出版社旗舰店

网址：http://jjkxcbs. tmall. com

固安华明印业有限公司印装

710 × 1000　16 开　13 印张　200000 字

2019 年 9 月第 1 版　2019 年 9 月第 1 次印刷

ISBN 978 - 7 - 5218 - 0659 - 5　定价：68. 00 元

（图书出现印装问题，本社负责调换。电话：010 - 88191510）

（版权所有　侵权必究　打击盗版　举报热线：010 - 88191661

QQ：2242791300　营销中心电话：010 - 88191537

电子邮箱：dbts@ esp. com. cn）

序　言

　　近年来，伴随社会经济的快速发展，我国经济发展方式由依靠要素投入、投资拉动、出口带动逐渐转向创新驱动。文化创意产业在经济发展、综合国力提升中的重要性认识被不断强化，在文化创意产业规模体量大，产值增速快的基本前提下，其要素回报率却存在着明显问题，并由此引发了本研究对文化创意产业技术效率及其演进的思考。

　　目前的研究对该领域涉足较少，许多学者仅仅测度了某年或某个时段的技术效率值或趋势，考察了劳动、资本等易于量化的要素投入，而缺乏对文化创意产业技术效率的状态、变动及演进机理的系统性思考，忽视了市场化改革起到的潜在作用，更没有提到不同区域间的空间关系和空间差异关系。我国文化创意产业的技术效率究竟处于什么水平？动态和空间的演进机理如何？市场化改革起到了什么样的作用？如何进行改良？研究上述问题，对于提高我国文化创意产业的技术效率，促进产业的健康发展，继续推进产业市场化改革，具有重要的理论意义与实践意义。

　　在借鉴相关文献研究成果的基础上，本研究对文化创意产业技术效率重新界定，运用产业生命周期理论、产业创新理论、产业融合理论、创新扩散理论、规制理论、产权理论和空间经济等理论，从产业维度构建我国文化创意产业技术效率的决定和演进的机理模型，分别从静态下技术效率点的位置、比较静态下技术效率点的变动和动态、空间技术效率的演进等方面展开机理探讨。随后，采用异质性随机前沿分析方法（SFA）测度了我国文化创意产业的技术效率水平，在此基础上，应用面板数据模型和空间计量模型，对提出的相关假设进行了实证检验，并分别从深化市场化改革和提高空间异质性角度提出提升我国文化创意产业技术效率的政策建议。

本研究的机理分析和实证检验结论在一定程度上有效地填补了该研究领域的空白。希望本研究可以为我国文化创意产业的技术效率改良提供有益的理论支撑，为推进我国文化创意产业发展略尽绵薄之力。

本研究相关数据均来源于公开数据，且代表作者观点，文责自负。

是为序。

作　者

2019 年 4 月

目　录

第1章 绪论 /1

1.1　研究背景 /1

1.2　研究目标和研究意义 /10

1.3　研究方法 /13

1.4　研究内容及技术路线 /15

第2章 理论基础与文献综述 /19

2.1　关键概念界定 /19

2.2　理论基础 /23

2.3　文献综述 /33

2.4　文献评述 /47

第3章 我国文化创意产业发展的事实特征 /49

3.1　我国的文化体制改革历程 /49

3.2　我国文化创意产业的发展特征 /54

3.3　我国文化创意产业的市场化特征 /61

3.4　我国文化创意产业的要素回报率 /67

3.5　本章小结 /69

┊第4章┊ 我国文化创意产业技术效率及演进的机理分析 /71

　4.1　文化创意产业技术效率的决定机理 /71

　4.2　文化创意产业技术效率的演进机理 /87

　4.3　本章小结 /96

┊第5章┊ 我国文化创意产业的技术效率测算与动态演进分析 /98

　5.1　文化创意产业的代理变量——纯文化产业 /98

　5.2　我国文化创意产业技术效率的测度
　　　　方法及数据处理 /101

　5.3　我国文化创意产业技术效率的动态演进 /105

　5.4　本章小结 /113

┊第6章┊ 我国文化创意产业技术效率动态演进的影响因素分析 /115

　6.1　变量选取和描述性统计 /115

　6.2　模型设计与具体模型选取 /123

　6.3　影响因素分析 /126

　6.4　我国东、中、西部地区的异质性分析 /133

　6.5　本章小结 /142

┊第7章┊ 我国文化创意产业技术效率的空间演进及
　　　　影响因素分析 /144

　7.1　区域收敛性分析 /144

　7.2　空间权重矩阵 /145

　7.3　文化创意产业技术效率的空间相关性检验 /150

7.4　文化创意产业技术效率的空间关系检验／158

7.5　文化创意产业技术效率的检验结果解析／162

7.6　本章小结／167

第8章 | 结论与政策建议／169

8.1　主要研究结论／169

8.2　政策建议／172

8.3　研究的主要创新点／177

8.4　研究展望／179

参考文献／180

附录1　空间邻接矩阵／194

附录2　空间地理距离矩阵／196

附录3　空间经济距离矩阵／198

第1章
绪　论

1.1　研究背景

　　自改革开放以来，我国的经济增长实现了质的飞跃，居民人均收入水平逐渐提高。随着居民物质生活条件的改善，文化需求逐渐呈现上升趋势。鉴于此，文化创意产业应运而生。为有效提高我国文化创意市场主体的主观能动性和产业的创意创新能力，市场化改革势在必行。我国文化创意产业的市场化改革始于企业化改革，按照企业化改革历程，本研究将我国文化创意产业的市场化改革划分为两个阶段：

　　初步改革阶段（2000~2005 年），以经营性文化事业单位转企改制为标志。2000 年，我国"十五"发展计划首次提出"文化产业"一词；2002 年，中共十六大报告提出"积极发展文化事业和文化产业"，深化文化体制改革。2003 年，在深化公益性文化事业单位内部改革的同时，按照"创新体制、转换机制、面向市场、壮大实力"的要求，国家在 9 个地区和 35 个文化单位开始文化体制改革试点，积极培育市场主体、深化内部改革、转变政府职能、建立市场体系。

　　全面改革阶段（2006~2017 年），是经营性文化事业单位转企改制全面推广的阶段。这一阶段的主要特征是全面推广文化事业单位的转企改制，培育文化创意市场主体，激活市场活力，这也是本研究的重要时段。2006 年，中央召开全国文化体制改革工作会议，新确定了全国 89 个地区和 170 个单位作为文化体制改革试点，文化体制改革全面推开。2009 年，经营性文化事业单位转企改制被进一步推动，新型市场主体得到培育。2012 年，绝大多数国有经营性文化单位转企改制完成，并采取加强文化立法和扶持政策等措施进一步深化文化体制改革，在资产和土地使用、处置、收入分配、社会保障、人员分流安置、财政税收等方面给予有力保障，并将执行期延长至 2017 年。

经过两个阶段的改革，我国的文化创意产业取得了显著成绩。一方面，我国国有经营型文化单位全面完成转企改制，释放了市场活力；另一方面，文化创意产业培育了大量的市场主体，文化创意类企业数量不断增加，文化创意产业快速发展（陆立新，2009；李增福和刘万琪，2011；成学真和李玉，2013；刘亦赫，2016）[1-4]。但是，在市场主体不断成长，市场活力不断增强的同时，文化创意产业的效率并未出现与产业规模和企业数量同向的趋势性变化，反而出现了下降趋势（蒋萍和王勇，2011；邱煜和葛智杰，2013；赵倩等，2015）[5-7]。据本研究测算，2004 ~ 2015 年的我国文化创意产业资本回报率呈现递减趋势，2015 年只有 95.56%。因此，研究市场化改革条件下我国文化创意产业的技术效率变化趋势、探究影响其变化趋势的机制、原因，对促进我国文化创意产业的可持续发展具有重要的现实意义。

1.1.1　文化创意产业市场化改革成绩

经过十多年市场化改革，我国文化创意产业发展取得了显著的成绩。

1. 国有经营性文化单位的企业化改革全面完成。

国有经营性文化单位的企业化改革以 2006 年为起点，2012 年为终点。"转企改制"的做法实现了文化事业与文化产业的大规模分离，有效推动了我国文化单位的市场化进程，为文化创意企业的管理层和员工建立了必要的激励机制，积极促进了我国文化创意产业的技术效率。

2012 年 9 月 24 日，新华网《激发文化发展活力　谱写文化繁荣乐章——我国国有经营性文化事业单位转企改制成效综述》一文指出：2012 年 9 月，全国 580 家出版社、3000 家新华书店、850 家电影制作发行放映单位、57 家广电系统所属电视剧制作机构、38 家党报党刊发行单位、99.5% 的文化系统国有文艺院团（不含保留事业体制院团）和 97.5% 的非时政类报刊完成转企改制任务。全国 2102 家文化系统国有文艺院团（不含保留事业体制院团）已有 2092 家完成（或基本完成）转企改制、撤销或划转任务，占总数的 99.5%。地方 1177 家首批非时政类报刊出版单位中，1147 家已完成（或基本完成）转企改制，占总数的 97.5%，其余 30 家正在按已批复方案积极实施。中央和地方应转企改制的重点新闻网站中，80% 以上已完成（或基本完成）改革任务，其他网站将按计划在 2012 年底完成全部改革任务。

通过"转企改制"，我国文化创意产业市场主体初步确立。据不完全统计，全国共注销经营性文化事业单位法人 6950 家，核销事业编制近 29.4 万个，培育了一大批合格的文化市场主体（刘奕湛，2012）[8]。

2. 文化创意产业发展迅速，具有成为国民经济支柱产业的潜力。

我国文化创意产业发展迅速。数据显示：2004 ~ 2016 年我国文化创意产业增加值由 3440 亿元增加到 30785 亿元，年均增速达到 20.03%，远高于同期 GDP 的增长速度。具体如图 1 - 1 所示。

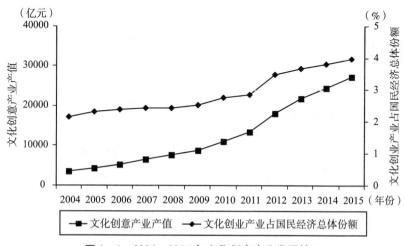

图 1 - 1　2004 ~ 2016 年文化创意产业发展情况

资料来源：《中国文化及相关产业统计年鉴（2016）》。

文化创意产业在国民经济中的份额稳步提高。由《中国文化及相关产业统计年鉴（2016）》中数据显示，2004～2016 年我国文化创意产业占 GDP 的比重由 2.15% 提高到 4.14%（国际判断支柱产业的通用标准是该产业产值占总体 GDP 比重的 5% 以上），年均增长率为 5.61%，凸显出文化创意产业成长为未来国民经济支柱产业的潜力①，如图 1－1 所示。在我国的 31 省份中（除去港澳台），北京、上海、浙江、广东等发达地区的文化创意产业在 2016 年已经成为当地的支柱产业，文化创意产业占 GDP 的比重分别为 8.20%、6.61%、5.81%、5.26%。

文化创意产业的产业链初步形成。文化制造业、文化批发与零售业、文化服务业的产值均稳步增加。2009～2016 年文化制造业产值由 3555 亿元增至 11889 亿元，文化批发与零售业产值由 522 亿元增至 2872 亿元，文化服务业产值由 4709 亿元增至 16024 亿元②。同时，我国文化创意产业的产业结构也在不断优化。2004～2016 年文化制造业产值占总体产值的比例由 47.74% 下降至 38.62%，文化批发与零售业产值占总体产值的比例由 10.57% 下降至 9.33%，而文化服务业产值占总体产值的比例由 41.68% 上升至 52.05%。如图 1－2 所示。

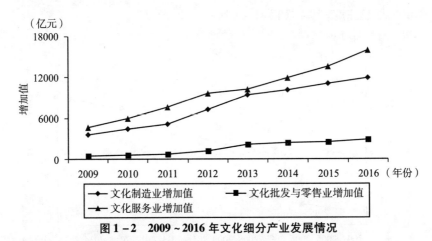

图 1－2　2009～2016 年文化细分产业发展情况

资料来源：《中国文化及相关产业统计年鉴（2016）》。

①②　《中国文化及相关产业统计年鉴（2016）》。

3. 文化创意产业投资规模比例稳定，数额持续扩大。

《中华人民共和国文化部 2016 年文化发展统计公报》数据显示：2004～2016 年，我国文化事业费占总体财政支出的比例常年保持在 0.4% 左右，投资规模比例相对稳定；而总额已由 2004 年的 113.65 亿元上升到了 2016 年的 770.69 亿元，年均增长 17.29%，数额持续扩大，如图 1-3 所示。需要注意的是，2010 年起，财政部建立了文化产业发展专项基金，用于促进文化艺术产业的发展和转变发展方式，以及战略性的结构调整。

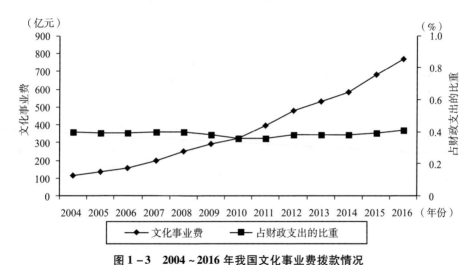

图 1-3　2004～2016 年我国文化事业费拨款情况

资料来源：《中华人民共和国文化部 2016 年文化发展统计公报》。

4. 文化创意产业基础设施逐步完善。

公共图书馆是最基本的文化创意产业公共基础设施。我国公共图书馆的数量逐年稳步提高。2005～2016 年，我国公共图书馆的数量由 2762 家上升到 3153 家，年均增加 36 家新的公共图书馆。具体如表 1-1 所示。

表 1 - 1　　　　　　我国公共图书馆的数量变迁 (2005 ~ 2016 年)

项目	2005 年	2006 年	2007 年	2008 年	2009 年	2010 年	2011 年	2012 年	2013 年	2014 年	2015 年	2016 年
数量（家）	2762	2778	2799	2820	2850	2884	2952	3076	3112	3117	3139	3153
增量（%）	—	16	21	21	30	34	68	124	36	5	22	14

　　文化产业园区是文化产业集聚的空间结构。为培育市场主体，增强企业活力，众多文化创意企业逐渐形成文化创意产业集聚区和文化创意产业链。2004 ~ 2015 年，文化部先后命名批示了 10 个国家级文化产业示范园区、10 个国家级文化产业试验园区和 335 个国家文化产业示范基地。① 除此之外，地方上也建设了一大批颇具当地文化特色的文化创意产业园区与文化创意产业集聚区。

　　5. 文化创意产业政策体系初步建立。

　　2006 ~ 2016 年，中央政府累计出台文化创意产业政策文本 358 份，内容涵盖了文化创意产业的发展、优惠条件与相关立法需求，在引导产业发展方向、优化产业发展环境、规范文化市场秩序、促进文化资源有效配置等方面发挥着重要的作用。已出台的部分文化创意产业政策文本及出台单位如表 1 - 2 所示。

表 1 - 2　　　　　　　　　部分文化创意产业政策

出台单位	部分文化创意产业政策
文化部	全国文化市场知识产权保护专项执法行动方案
	关于加强文化产业园区基地管理、促进文化产业健康发展的通知
	营业性演出管理条例实施细则
	文化部文化产业投资指导目录
	关于促进民营文艺表演团体发展的若干意见

---

　　① 《中华人民共和国文化部 2015 年文化发展统计公报》《中华人民共和国文化部 2016 年文化发展统计公报》。

续表

出台单位	部分文化创意产业政策
国务院	关于加快发展旅游业的意见
	关于进一步繁荣发展少数民族文化事业的若干意见
国务院办公厅	国家级文化产业示范园区管理办法
	关于促进电影产业繁荣发展的指导意见
财政部、国家税务总局	关于文化体制改革中经营性文化事业单位转制为 企业的若干税收优惠政策的通知
国家广播电影电视总局	国务院关于引发文化产业振兴规划的通知
	广播影视知识产权战略实施意见
	关于进一步加强广播电视广告审查和监管工作的通知
新闻出版总署、商务部	关于《外商投资图书、报纸、期刊分销企业管理办法》的补充规定
商务部	关于金融支持文化出口的指导意见
中宣部、中国人民银行、财政部	关于金融支持文化产业振兴和发展繁荣的指导意见
新闻出版总署	关于促进我国音像业健康有序发展的若干意见
	关于进一步推进新闻出版体制改革的指导意见
文化部、国家旅游局	关于促进文化与旅游结合发展的指导意见
工业和信息化部	美术品进出口管理暂行规定
	软件产品管理办法
	通信网络安全防护管理办法

1.1.2 文化创意产业发展中的技术效率问题

在文化创意产业规模和产业主体不断壮大的同时，文化创意产业发展的经济绩效却存在一定的问题。2012 年我国国有文化企业的亏损面为 36.2%，2013 年为 39.24%，部分地区企业亏损面甚至高达 50%（雷原、赵倩和朱贻宁，2015）[9]。这引发了学界对于文化创意产业发展的深入思考。文化创意产业的快速发展，在满足市场需求的过程中激发了更多的产业创新，但也带来了一定的产业模仿。学界从技术效率，创新效率、运营效率、规模效率等不同角度展开分析，指出我国文化创意产业的创新效率、运营效率和规模效率均存在一定的问题，并在不同程度上影响着文化创意产业的技术效率。

（1）文化创意产业技术效率存在下行趋势。赵倩等（2015）运用随机前沿方法评价我国文化创意产业的投入产出效率，采用深沪68家文化创意上市公司2001～2013年不平衡面板数据，测算出我国文化创意上市公司技术效率的值及动态趋势，指出我国文化创意上市公司技术效率在2001～2013年间呈现下行趋势，且半数公司的技术效率均在0.1以下[7]。

（2）创新效率低下制约技术效率提高。我国传统产业发展中普遍存在的核心技术瓶颈制约了传统产业的发展，也制约了依附于传统产业的文化创意产业发展。我国的文化创意类企业与技术融合的创新性不足，产品或服务同质性强、易模仿，难以形成具有国际市场竞争力的文化产品。在全球文化创意产业原创产品中，我国仅占2.5%左右（于平和傅才武，2014）[10]。由于文化产品同质性高，国际竞争力弱，再加上行政形成的区域性条块分割，国有文化企业与其他领域的国有企业和国际文化企业相比，在运营和发展上面临着抗风险能力弱、资产从投入到产出存在时滞、同质化竞争、融资难等诸多问题（宋馥李，2015）[11]。

（3）运营效率低下制约技术效率发展。我国文化创意产业园区规划粗放，部分园区借文化之名，无文化之实，与国家建立文化创意园区实现文化创意产业集聚的目标相背离。在我国现存的2500余个文化创意园区里，90%的文化创意产业园区运营存在各种"病症"，实现"文化创意产业集聚"的园区不到5%，盈利的园区不到10%（张玉玲和李慧，2014；王少杰，2015）[12,13]，暴露出规划目的性差、产业发展方向不明确、审批宽松等诸多问题（张志兵和曾德铮，2014）[14]，国家支持文化创意产业发展的多种优惠政策没有达到预期效果。

（4）规模效率低下导致技术效率下行。我国文化创意产业发展迅速，产业规模呈现爆发性增长。但在我国文化创意产业与传统产业融合的过程中，创意创新与技术融合层次较低，文化创意和传统产品的硬性嫁接较多，可复制性较强，产业规模扩大过程中对同种要素的需求量也迅速增加，带来了要素规模与产业规模的不匹配，产业规模效率低下。据本研究测算，虽然文化创意产业的劳动回报率呈明显上升趋势，但文化创意产业的资本回报率在2015 年已不足 100%，这也导致了文化创意产业技术效率的下行趋势。

综上所述，我国文化创意产业发展存在一定的技术效率问题，主要包括：技术效率偏低、技术融合不足、产品同质性强、区域发展不均衡等。对文化创意产业的技术效率而言，宏观层面上的政府政策及产业发展规划起到了重要的推动作用；但中观层面的领域协同没有充分到位；微观层面上企业的运作水平也亟待提升（高学武和李淑敏，2014；何里文、袁晓玲和邓敏慧，2012，2015；陈敦亮，2014）[15-18]。因此，《中共中央关于制定国民经济和社会发展第十三个五年规划的建议》，提出"推动文化创意产业结构优化升级"和"培育新型文化业态，扩大和引导文化消费"。

在考察文化创意产业的技术效率问题时，已有的分析范式多考察技术创新的影响，而对如何促进技术创新分析不足，市场化改革可以通过激励性的作用手段，有效提高文化创意产业内部单位的主观能动性，进而促进技术创新。因此，本研究重点考察市场化改革背景下的文化创意产业技术效率提升问题，并将研究范围界定为全面开始于 2007 年，至今仍在进行的文化创意产业市场化混合所有制改革。时至今日，我国文化创意产业市场化改革已经从主要关注经营性文化单位的转企改制，逐渐进入以理顺产权结构、推动竞争机制发挥作用和优化政府监管职能为主的多元化阶段，所面临的问题越来越多，所处的外部环境也愈加复杂。

在这样的背景下，如何将自 2007 年至今的市场化改革对文化创意产业技术效率的具体影响机理和演进过程进行深刻分析，如何测算市场化改革条件下文化创意产业技术效率的动态变化趋势和空间结构状态，以及如何找到促进文化创意产业技术效率提升的因素、路径及政策。上述问题构成了本研究的研究框架，并简单归纳如下：

（1）如何引入合适的产业经济理论对市场化改革历程中的文化创意产业发展进行理论阐释？现有的文化创意产业发展研究中存在哪些研究空白，本研究应填补哪些研究空白？

（2）我国文化创意产业技术效率的形成和演进机理是怎样的？其技术效率的形成机理变动和演进特征是什么？如何构建机理模型，将文化创意产业技术效率，市场化改革因素和时间、空间纳入统一的分析系统框架，分析文化创意产业技术效率的影响因素和动态、空间演进过程？

（3）市场化改革条件下，我国文化创意产业的实际技术效率水平与技术效率前沿存在的差距如何？市场化改革的不同层面如何影响着我国文化创意产业实际的技术效率？

（4）我国各地区文化创意产业技术效率是否存在"马太效应"？其空间分布是否具有明显的异质性？如有异质性，影响异质性形成的主要因素有哪些？这些影响因素的影响路径和影响程度如何？

本研究将重点围绕上述问题，以市场化改革条件下我国文化创意产业技术效率为研究对象，从产业维度将理论建构、实证分析和政策建议相结合，对其发展动态和空间演进、影响因素乃至区域异质性进行系统分析，深化对我国文化创意产业市场化改革、市场主体发展和政策演变的认识，指明国家和区域文化创意产业发展政策的调整方向，为创新我国文化创意产业政策体系，促进产业持续健康繁荣发展，深化文化体制改革，从"办文化"向"管文化"的战略转变提供政策建议。

1.2 研究目标和研究意义

1.2.1 研究目标

本研究的研究目标主要包括以下几个方面：

（1）在系统梳理、总结文化创意产业相关理论和国内外研究文献的基础上，探寻文化创意产业技术效率的决定机理。首先，按照产业效率模型，引入静态分析范式，按照柯布—道格拉斯生产函数将要素投入分为劳动投入与资本投入，结合产品产出，可以测算出文化创意产业技术效率水平；其次，引入斯塔克伯格的扩展模型说明文化创意产业的市场类型演变过程，结合有偏的技术进步路径分析我国文化创意产业的技术效率变动情况，再将文化创意产业技术效率水平的市场化影响因素细分为规制、竞争、产权三类，说明不同的市场化影响因素对文化创意产业技术效率的具体影响。

（2）基于新技术扩散模型提出对于文化创意产品创新性和模仿性的不同设定，构建文化创意产业技术效率的动态演进模型。首先，通过引入文化创意产品生产中创新性与模仿性的相对强度，形成两类文化创意细分产业，即创新程度相对于模仿程度偏高、主要依靠技术研发进行创意扩散的高端文化创意细分产业和创新程度相对于模仿程度偏低、主要依靠企业间模仿进行创意扩散的低端文化创意细分产业；其次，结合我国文化创意产业要素回报率的现实情况，分别分析两类文化创意细分产业和文化创意产业整体的技术效率动态演进规律。

（3）基于空间分岔点模型和产业同构相关理论，分别按照文化创意产业在地理特性和经济特性上的区域关联性，构建文化创意产业技术效率的空间演进模型。首先，采用国际化的空间经济模型解读文化创意产业的区域性产业同质化竞争行为；其次，结合产业集聚理论，分别从地理空间角度和经济空间角度描述文化创意产业技术效率的空间演进规律。

（4）基于机理模型与演进分析，构建市场化改革、时间、空间对文化创意产业技术效率影响的检验框架。通过异质性随机前沿模型（SFA）测算我国逐年的文化创意产业技术效率值，选取合适的规制、竞争和产权指标，建立双向固定效应回归模型和空间杜宾模型，进行多元统计分析和显著性检验，对相关假设进行经验分析。

（5）根据研究结论，提出可供政府部门参考和借鉴的具有针对性的政策建议，以改进我国文化创意产业的技术效率演进趋势，促进我国文化创意产业的快速健康发展。

1.2.2　研究意义

1. 为我国文化创意产业发展提供理论支撑。

文化创意产业在我国属于新兴产业，发展时间短，统计口径差异大，研究基础相对成熟产业极为薄弱，已有研究相对较少。正因为如此，为我国文化创意产业的发展提供理论支撑就更有价值。与其依靠文化创意产业在市场中自发规整，企业"摸着石头过河"，学界更需要克服困难，依靠现有条件对文化创意产业的特殊发展规律做出必要的演绎与突破，努力让理论研究走在产业发展之前。

在文化创意产业的理论研究中，学界的主要关注点是"产业创新带来的超额利润"。关于创新的正向影响，现有研究重点关注的是"人（或企业）的主观能动性提高可以带动技术创新"的部分，而对什么样的措施可以"有效提高人（或企业）的主观能动性"提之甚少。本研究重点考察了这一问题，指出市场化改革通过规制、竞争和产权手段，可以有效提高人（或企业）的主观能动性，进而影响创新。因此，正确对文化创意产业的技术效率水平进行评估，对产业效率的动态演进和空间演进过程进行分析，有利于我们思考市场化改革对创新影响的理论依据，进而对具体的市场化改革效果进行评估。这样就为我国文化创意产业未来的发展提供了理论支撑。

2. 形成研究文化创意产业技术效率研究的一般框架。

目前，关于文化创意产业技术效率的状态与变动机理、动态演进与空间演进的机理均缺乏系统性的范式分析；实证过程中对研究对象、研究指标和研究方法的选取也存在一些不足：往往只关注整体或传统文化产业的技术效率变化，忽视市场化程度等制度性因素，不能真实反映各区域文化创意产业的异质性及其动态、空间演进趋势特征。而本研究要从系统性、动态性、空间性和制度性等方面来实现对文化创意产业技术效率变化规律的研究，这正是本研究试图突破的研究桎梏。

本研究首先剖析文化创意产业的自身特性，基于产业生命周期理论、产业创新理论、产业融合理论、创新扩散理论、规制理论、产权理论和空间经济理论，从静态、比较静态和动态的不同角度构建文化创意产业技术效率机理，展示文化创意产业技术效率的影响机理以及动态、空间的演进模型，通过与已有理论、模型的有机结合，深刻分析文化创意产业技术效率的影响机理和传导机制。而后结合我国文化创意产业市场化改革的实际特点，以我国31 个省份（不包含港澳台地区）的文化创意产业为样本，利用文化创意产业的劳动水平和资本水平构建技术效率的统计模型，系统分析市场化影响因素在时间和空间维度上对我国文化创意产业的影响与贡献，为我国不同区域文化创意产业的发展提供有益的经验借鉴和模式参考。

3. 对产业经济学和区域经济学发展的理论贡献。

产业经济学、区域经济学作为应用经济学的不同分支，在经济全球化的趋势和主流经济学理论和研究方法的影响下，两类分支的融合性研究逐渐成为新的关注点，定量和经济计量更是有效地提高了学科的操作性意义（安虎森和邹璇，2004）[19]，二者的结合导致研究内容多样化、综合化，研究方法模型化、计量化（曹细春和谢显慈，2014）[20]。

我国关于文化创意产业的大多数研究只探讨了文化创意产业在经济中的作用和影响其发展的主要因素，而对文化创意产业本身的效率思考不足，更没有将文化创意产业的效率（或技术效率）纳入区域性的经济框架展开针对性研究。本研究从省域的空间角度探讨了文化创意产业的技术效率分布状态，建立指标体系衡量了影响文化创意产业效率的因素在区域内的直接影响路径和区域间的相互影响路径，对产业经济学和区域经济学的融合性研究具有一定的学术意义。

1.3 研 究 方 法

根据研究内容、研究目的和研究意义，本研究结合演绎与归纳两种方法，在广泛深入调查研究的基础上，通过规范性理论阐述和实际应用分析相结合、定量研究和定性分析相结合的方式，对市场化改革条件下我国文化创意产业技术效率的动态演进和空间演进进行研究。具体研究方法如下：

1. 文献分析与实际调研。

关于国内外研究现状、文化创意产业改革及其发展历程，本研究采用文献综述方法，理清了相关理论的发展脉络和我国文化创意产业改革历程和演化特点，找到理论突破口；同时对相关企业和政府机构进行实际走访调研，实地观察现有的文化创意企业项目，思考实证结果在现实中的对应情况，考察相关政策建议的具体采信情况。

2. 归纳分析与演绎分析。

本研究在梳理相关文献时，通过对国内外相关研究文献的梳理和评述，归纳出研究目标和研究文化创意产业技术效率的一般框架；在此基础上，构建影响文化创意产业技术效率的数理模型，再通过归纳分析和演绎分析以及一般推理，在时间维度上推导出影响文化创意产业技术效率的机理路径，并在空间维度上进行补充说明。

3. 比较研究法。

本研究在对文化创意产业技术效率的动态演进分析时采用纵向比较分析法；在对不同区域产业技术效率异质性比较时采用横向比较分析法。

4. 计量分析方法。

本研究基于我国文化创意产业面板数据评价市场化对我国文化创意产业技术效率的动态演进和空间演进的具体影响，采用异质性固定效应随机前沿模型计算多年来的效率趋势演变；采用双向固定效应回归模型分析市场化改革因素对于我国文化创意产业技术效率的具体影响；采用空间自相关模型考察我国文化创意产业的空间关联性，在存在空间相关的前提条件下选择基于邻接空间选择的空间误差模型和基于经济距离选择的空间杜宾模型分析空间距离相近省区的市场化改革因素对于目标省区文化创意产业效率的客观影响。

1.4 研究内容及技术路线

1.4.1 研究思路

本研究的研究思路大体可以分为六个部分：

（1）简述我国文化创意产业的研究背景，描述文化创意产业发展中的市场化改革成绩与技术效率问题，确定研究目标、研究意义、研究方法与技术路线。

（2）界定文化创意产业和技术效率的概念，运用相关产业理论对文化创意产业及技术效率进行研究，对我国文化创意产业的发展、影响因素及技术效率方面的文献进行归纳总结，指出已有的文化创意产业技术效率分析类文献在研究内容、研究方法、研究指标和维度选择上的缺陷，并确定了本研究的主要研究方向。

（3）从市场化改革历程、发展特征和市场化特征三个角度对我国文化创意产业发展的事实特征进行系统梳理，再从要素回报率角度对我国文化创意产业提出技术效率问题。

（4）在理论建构和文献梳理基础上，分层建立文化创意产业技术效率状态、变动及动态、空间演进的系统化机理模型，提出相应的理论假设。

（5）采用随机前沿模型测算我国文化创意产业技术效率的状态与演进趋势；而后对市场化改革指标进行量化构造，从时间维度和空间维度探究市场化改革条件下影响文化创意产业技术效率的主要因素及其影响方向、影响程度，从而检验理论假设。

（6）依据产业理论和实证检验结果，对国家和区域的文化创意产业发展提出政策建议。

1.4.2 研究内容

本研究共分为 8 章，具体内容如下：

第 1 章为绪论。绪论部分通过介绍研究背景、研究目的和研究意义，指出了我国文化创意产业存在的技术效率问题，明确了研究方法、研究思路和技术路线。

第 2 章是理论基础与文献综述。本章阐释理论依据与前人研究成果。首先，对文化创意产业和产业的主要特性进行界定；其次，运用产业生命周期理论、产业创新理论、产业融合理论、创新扩散理论、规制理论和产权理论、空间经济理论分析文化创意产业的发展逻辑；最后，对文化创意产业的作用和文化创意产业的效率等相关文献进行梳理并评述，指出该问题的研究不足之处，从而确定研究目标和研究方向。

第 3 章是我国文化创意产业发展的事实特征。本章系统分析了我国文化创意产业的市场化改革历程、发展特征和市场化特征，指出我国文化创意产业具有发展速度快、规模大，靠内资拉动，核心竞争力逐步增强和进出口优势等产业发展特征和政府规制逐年增强、竞争程度逐年提高、产权明晰和区域显著差异等市场化特征。最后从文化创意产业的要素回报率趋势入手，指出了我国文化创意产业存在的技术效率问题。

第 4 章是我国文化创意产业技术效率及演进的机理分析。本章从静态、比较静态和动态、空间分层构建我国文化创意产业技术效率的机理模型，通过设置不同的假设条件，揭示要素投入、产出、市场化改革、环境、空间等因素对文化创意产业技术效率的影响机理和传导机制。

第 5 章是我国文化创意产业的技术效率测算与动态演进分析。本章选取 2007~2015 年我国 31 个省份文化创意产业为实证研究样本，采用与文化创意产业具备共有特性的"纯文化"产业作为代理变量，通过随机前沿分析，发现我国文化创意产业的年均技术效率趋势和全国各省区的文化创意产业技术效率均呈现逐年下行的趋势。

第6章是我国文化创意产业技术效率动态演进的影响因素分析。本章在动态条件下，采用已计算出的我国文化创意产业技术效率值为被解释变量，选取合适的工具变量为解释变量，构建双向固定效应回归模型并对显著性影响因素的方向和程度进行关注，发现在本研究的研究时段内，放松普适性管制、增强创新性竞争、事业单位转企改制等市场化改革手段均对文化创意产业技术效率的提升具有显著的推动作用；其中规制和竞争均具有最优阈值，我国目前的普适性规制水平对于文化创意产业过严，而创新性竞争略显不足；东、中、西部省份市场化变量对文化创意产业技术效率的影响路径存在较大差异。

第7章是我国文化创意产业技术效率的空间演进及影响因素分析。本章在机理分析和相应假设基础上，找到了文化创意产业在空间中的最优介入点——以人均收入差距为经济距离，衡量同一收入层次下不同省区的文化创意产业同构情况。而后采用空间杜宾模型全面分析经济空间条件下，某省区文化创意产业技术效率受到其他省区影响的主要因素和影响程度；说明了经济空间条件下其他省区的经济水平、竞争水平与研究省区的文化创意产业技术效率之间的影响关系。

第8章为结论与政策建议。对研究结论进行归纳，根据我国文化创意产业技术效率的机理分析和实证结果，从市场化改革和空间异质性两个方面提出提升我国文化创意产业技术效率的政策建议，并指出本研究的创新点和下一步的研究方向。

1.4.3 技术路线

本研究的技术路线主要环节包括：总体方案设计→资料收集（文献评述，确定理论基础和事实特征）→理论研究（提出机理并确定假设）→实证研究（模型改进和数据运行、检验假设）→政策选择→完成并总结。本研究技术路线如图1-4所示。

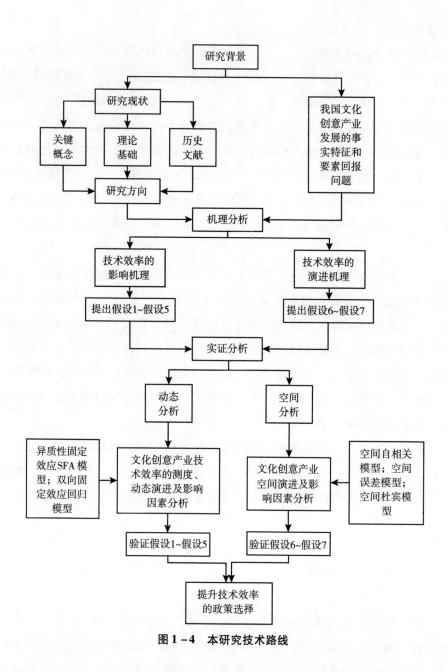

图1-4　本研究技术路线

第 2 章
理论基础与文献综述

随着中国经济改革开放的不断深入，文化创意产业在促进工业产业结构升级和拉动文化消费方面的作用日益增强。因此，界定文化创意产业发展边界，阐述文化创意产业发展的理论依据，梳理文化创意产业市场化过程中的历史文献，找寻文化创意产业研究视角，成为本章的主要内容。

2.1　关键概念界定

2.1.1　文化创意产业的概念界定

文化创意产业是一种在经济全球化背景下产生的以创造力为核心的新兴产业，目前学界尚无统一的规范界定方式，世界各国对其存在多种理解：文化产业、版权产业、休闲产业、体验经济等均为文化创意产业的其他别称。"文化创意产业"的提出，克服了"文化产业"和"创意产业"在新经济时代的局限性，是两者所长相结合的结果（刘轶，2007）[21]。为正确界定文化创意产业的概念及范围，首先应该了解文化产业及创意产业的相关内容，并厘清两者之间的关系。

"文化产业"的概念最早来源于德国的阿多诺和霍克海默在 1974 年出版

的《启蒙的辩证法》中的"文化工业"一词（culture industry）。联合国教科文组织指出文化产业包括文化产品、文化服务和智能产权等三项内容，并将文化产业定义为按照工业标准，生产、再生产、储存以及分配文化产品和服务的一系列活动。

创意产业的概念最早出现在 1994 年的澳大利亚，澳洲政府为国家提供新的信息技术机会，发布了对应的文化政策——"创意国家"，与数字媒体日益增长的全球文化潮流相呼应，"创意国家"虽然被列为文化政策，但本质是经济政策。而后，1998 年英国在 11 月发布的《创意产业路径文件》中对创意产业给出了明确的定义，指"从个人创造、技术能力和天赋中获取成长、发展动力的企业，以及那些通过对知识产权的开发和运用具有创造财富和就业机会的潜力的活动集合"[22]。文化创意产业自此在全球范围内迅速崛起，成为英国、美国、澳大利亚、加拿大、日本等发达国家和韩国、新加坡等新兴国家以及中国香港和台湾等地区的新兴支柱产业。

"创意经济"的核心竞争力是创造力，学界由创造力出发逐渐构建理论系统，出现了源于创意产业（最初称为文化产业）的"创意经济学"。时至今日，创意产业的概念在许多国家发展战略中已被广泛使用，它扩展了经济的创造力，以创造性的手段改善了整个社会经济过程，意味着附加价值、出口和新工作，反映了一个国家的竞争力基础，即"文化创造财富"（Moore，2014）[23]。文化创造财富的路径已不仅仅是文化和文化创意，更需要从数字化和技术变革着眼，技术影响文化、文化影响技术或技术创新导致社会创新，这从根本上改变了文化、社会的交流与行为，更广泛的社会变革和经济发展改变了人们的消费模式和组织生活模式。

对两者定义的比较可以发现，文化产业是将文化产品和服务实现货币化的产业，而创意产业是对文化产业的扩展和补充，是知识经济背景下文化产业发展的新阶段。我国的文化创意产业相对起步较晚，2002 年开始试点，而后迅速发展并向相关领域快速拓展。厉无畏和王慧敏（2009）对我国的文化创意产业进行解读，认为文化创意产业与个人创造力和知识产权高度相关，概念上已超越了一般意义上的文化产业。创意产业的根本是通过"越界"的方式，促成文化产业与三次产业在不同行业、不同层次、不同领域范围内的渗透与融合[24]。鲍枫（2013）指出，文化创意产业实现了文化、创造与思想的完美融合，其利用高科技手段对文化资源进行深度整合与提升，通过知识产权的开发和运用生产出高附加值的产品和服务[25]。文化创意产业包含了原有的文化产业及其他相关产业，其业态的内涵与外延都在不断扩展。它同农业、服务业、制造业一样，是同一类产业的总称，下边有多个细分产业，包括：广告、建筑、古董、手工艺品、电影、音乐、表演、互动软件、时尚设计、出版、广播、旅游、博物馆和美术馆等。

综上所述，本研究将"文化创意产业"界定为"依托于已有的文化创意资源，通过个人或企业的创新性重建，或和传统产业的创新性技术融合，形成知识产权，以此在市场运作中创造财富和就业机会的产业形态"。"文化创意"不是"文化"加"创意"，不能简单地将"文化"和"创意"割裂开来，而是在"文化"上附加"创意"成分；"文化创意产业及相关产业"不是"文化产业"加"创意产业"加其他"相关产业"，而是以文化产业为基础，逐步将创意拓展融合至相关产业，而相关产业外又有相关产业，关键在于产业上被附着的创造力。发达国家的创意已经被用于改善整体社会经济过程，而我国的文化创意虽也逐步从单纯的文化产业逐渐拓展融合至文化及相关产业，但创意涵盖的范围还会随产业创新和产业融合出现进一步的拓展。

2.1.2 文化创意产业的主要特性

1. 原创与创新。

文化创意产业以文化、创意理念为核心，是人的知识、智慧和灵感在特定行业的物化表现，由人或企业所提供的源源不断的创意是文化创意产业保持经济活力的重要因素。"原创"和"创新"是"创意"的两个方面："原创"指这个东西是别人没有的，例如，中国原创的京剧、武术等中国国粹；"创新"指在别人原创的基础上进一步改进，形成新的产品来满足人们新的需要。例如，漫威漫画公司根据20世纪的超级英雄漫画改编拍摄的 MARVEL

系列电影、DC 漫画公司以脍炙人口的动漫角色超人、蝙蝠侠为蓝本生产的乐高玩具，均用新时代的科技和概念包装了漫画和漫画人物的原始内核。在信息技术广泛应用和国民素质不断提高的现实条件下，文化产品的生产与扩散必须具有极强的创新性。而这种创新性的最终来源往往是个人或企业家的广泛参与及其聪明才智的充分发挥，这是文化创意产业发展的基本动力。

在经济全球化背景下，互联网迅速发展，各国产业尤其高科技产业逐渐趋同，但不可否认的是，每个国家、民族都有自己独特的文化，差异化极其明显。在迅猛的文化浪潮冲击下，如果本土文化和自身的文化资源没能进行产业化发展，就必然会受到其他国家文化产业浪潮的冲击和侵蚀。

2. 渗透与融合。

文化创意产业可以通过产业渗透的方式对传统产业附加文化创意成分，有利于拉长传统产业的价值链，促进传统产业的结构调整，进而推动传统产业升级。厉无畏（2009）指出：文化创意产业处于产业价值链的上游，具有高扩散性和高渗透性，能通过"越界"促成不同产业、不同领域的重组与合作，表现为对第一产业、第二产业的升级调整和对第三产业的重新细分[26]。"越界"打破了三次产业的原有界限，形成了新型的产业增长方式，并培育出新一代的文化创意消费群体和新的文化创意消费市场，推动文化和经济的共同发展。

文化创意产业可以辐射到社会生活的各个方面，全面提升人民群众的文化素质。由于文化创意产业自身价值的实现需要通过关联产业的产品进行承载，各种无形的创意思想需要负载于农业与工业产品之上，广播影视、出版展演等产业进一步促进了这一过程（杨秀云和郭永，2014）[27]。文化创意产业通过占领设计前沿、应用新技术、形成自由密集的创新者、生产者、消费者共存的网络，保持竞争优势，进而影响传统产业（李清娟，2006）[28]，而网络的各个节点势必会牵扯出具体的关联产业。邓达、周易江和张斯文（2012）以北京市为例，发现文化创意产业具有极强的产业关联性，创意产业与城市中几乎所有主导产业都存在显著关联性，适合集聚发展[29]。

2.2 理 论 基 础

文化创意产业技术效率的研究需要多种基础产业理论进行支撑，分析文化创意产业技术效率的理论逻辑如下：首先，引入产业生命周期理论界定我国文化创意产业处于成长期，指出文化创意产业与传统产业在成长期内的根本差异，即产业创新和产业融合并未完成。其次，引入产业创新理论和产业融合理论具体探讨文化创意产业在成长期内的发展演进过程。再其次，采用创新扩散理论说明产业创新和产业融合中出现的文化创意创新在市场中扩散的时间路径。最后，创意创新的快速扩散必然引发产业技术效率问题：当扩散发生于同一区域内时，技术效率的改良需要依托于市场化改革下的规制理论和产权理论；而当扩散发生于不同区域时，衍生出了空间问题，需要引入空间经济理论进行补充说明。

2.2.1 产业生命周期理论

产业生命周期可分为初创期、成长期、成熟期和衰退期，具体指产业由初创到成长、成熟再到衰退的必然演变过程，也是产业从出现到消亡经历的必然过程。产业生命周期理论最早来源于产品生命周期理论（Vernon，1966）[30]，而后，戈特和克莱珀（Gort & Klepper，1982）在对 46 个产品长达 73 年的时间序列数据分析后，按厂商数目首次建立了产业生命周期模型[31]。由于产业生命周期理论在产业经济学中的普遍适用性，产业生命周期理论在此基础上得到了进一步强化，朗德里根（Londregan，1990）构建了产业生命周期不同阶段企业竞争的理论模型[32]；迈克尔·波特（1997）论述了新兴产业、成熟产业和衰退产业中企业的竞争战略[33]。这些研究对明晰产业生命周期每个阶段的特征起到了重要的作用。

观察文化创意产业在我国的发展历程，可以将文化创意产业的市场化改革以经营性文化事业单位实施全面性的转企改制为分界点，分界点前的市场主体培育与基本形成可以视为我国文化创意产业的初创期，分界点后自 2006 年我国国有经营型文化单位全面改革开始进入了成长期，文化创意产业的成长期是本研究主要研究的时间阶段。

文化创意产业与传统产业相比较，成长期的特征有相似，也有不同。相似的特征包括成长期内产值增长率高（我国文化创意产业的产值增长率年均在 20% 左右），市场需求高速增长，产业特点、产业竞争状况及用户特点较为明朗。但不同之处更为关键，传统产业在成长期内的创意、技术渐趋定型，产业边界相对稳定，产业创新和产业融合基本完成；而文化创意产业本身以创意为产业依托，新的创意仍在快速出现，只是形成了相对成熟的创意来源，产业创新和产业融合并未完成，但产业创新和产业融合的发展方向已经确定。

2.2.2 产业创新理论

产业创新是基于旧产业的创造性破坏。熊彼特于 1912 年指出：创新是企业家把一种新的生产要素和生产条件的"新结合"引入生产体系，"这类似于生物学上的突变理论，即不断从体系内部革新经济结构，不断地破坏旧的并创造新结构的'突变'构成一种'创造性的破坏过程'（熊彼特，2009）[34]"。产业创新这种对旧产业结构的破坏性重建必然会带来新的产业形式和市场形式，这种新的产业形式不可能凭空捏造，必定以原有的产业形式为基础。

产业创新是企业群体的创新集合结果，而不是某个或某几个企业的创新行为结果。迈克尔·波特（1990）指出，国家形成竞争优势的关键是建立技术效率较高的优势产业，而产业不断提高技术效率的源泉在于企业建立和培育自我加压、不断进取的创新机制[33]。企业群体的创新集合共同组成了产业的创新系统，知识、技术领域、产业边界、参与者均会影响产业创新系统，并导致了系统的不断演变（Carlsson & Stankiewitz，1991；Malerba，2005）[35,36]。

产业创新推动了产业演进。在技术和创新内生的前提条件下（布莱恩·阿瑟，2014）[37]，所有产业都由最初的基础产业（从人类繁衍发展的角度观察，最初的产业源于种植业和畜牧业）衍生、突变而来。人们在基本生存需求得到满足之后，更高层次的消费需求驱动了技术的内在发展，这种需求结构、资源结构和技术水平的综合变化诱发并推动了产业创新（陆国庆，2003）[38]。种植业和畜牧业的产业边界逐渐拓展拓宽，逐步产生了其他农业、工业和服务业。产业演进分两种情况：一种是原有产业边界的外延产生新兴产业；另一种是两种（或多种）原有产业（此处指细分产业）边界外延后交叉融合产生新兴产业。

产业演进不断冲击传统的产业体系。新兴产业的出现满足了人们新型的消费需求，势必对原有的产业体系造成冲击。在信息技术不够发达的时期，技术的创新和扩散较为缓慢，产业边界相对固定，产业融合过程较长，产业演进对传统产业体系的冲击并不强力。随着经济全球化时代的到来，信息技术与互联网技术日益成熟和完善，技术创新层出不穷，技术扩散速度快，迅速转化为产业效益，各种传统产业边界迅速改变，产业融合产生爆炸性增长，出现了各种新兴的细分产业。

文化创意产业创新带来了新型的产业体系。文化创意产业是科技创新与内容创新共存的产业，本质在于以创意创新改善整个社会经济过程，对经济、文化、科技和教育等社会生活中的各个产业进行创意提升，为创造新兴产业和发展关联产业提供了良好的条件。我国的文化创意产业创新最早出现于 20 世纪 90 年代，这些产业初创期的创意创新有效的确定了文化创意产业的发展方向：电信、广播、电视和出版部门出现了快速的技术创新和技术扩散，固定化产业边界模糊、消失（周振华，2002）[39]。产业成长期中的创意创新是在发展方向基础上进行的创意创新，广泛实现于艺术品检测、博物馆展陈、舞美设计、电影装备、印刷出版等多个文化创意领域，并具体表现为公共电子阅览室服务，数字化出版业，数据共享、知识服务平台、网络文学、网络音乐、网络电影、网络演出、网络动漫等新兴文化业态和 3D、VR、AR、MR 等虚拟技术。

2.2.3 产业融合理论

产业融合指两种（或多种）产业边界外延后交叉产生新产业的过程。周振华（2003）认为产业融合的表现是原有产业或企业间的边界被打破的过程[40]，格林斯坦和康纳（Greenstein & Khanna，1997）将其表述为产业边界的收缩或消失[41]，然后形成了一个新的产业。这种发生在原有产业边界和交叉处的产业融合，吸收了交叉的两种原产业的产品特质和市场需求优势，影响了原产业内企业之间的竞争合作关系，继而导致产业界限的模糊化甚至重划产业界限（武迎春和江桂霞，2009)[42]。

斯蒂格里茨（Stieglitz，2002）将产业融合分为三个阶段。第一阶段是产业分立阶段，两种产业供求互不相关，但新技术的开发使原有两种产业出现简单关联；第二阶段是技术融合阶段，产业关联部分的新技术逐渐强化，技术创新扩散，市场结构和公司行为开始变化；第三阶段是产业融合阶段，原有两种产业的产业边界开始模糊，在原有两种产业的交叉部分出现一个新产业，市场开始趋于稳定[43]。如图2-1所示。

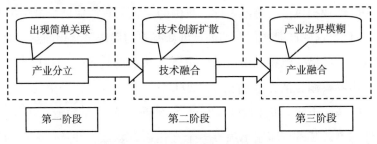

图2-1 产业融合的三个阶段

产业融合与社会生产力进步相互促进。社会生产力进步使人民群众生活质量提高，进而需求个性化、多品种、高质量的产品和服务，而原有市场往往难以满足消费者的新型需求。新的市场机会出现，基于产业融合的新生产者开辟、进入新市场，带来了更为复杂的市场结构。当消费者整体从产业融合产生的产品和服务中得到更高的效用时，生产者整体必然得到更多的利润，资源得到更为有效的配置，即产业融合为经济发展带来了新的活力，又反作用于社会生产力的进步，而新型市场结构的出现必然更有利于资源的合理配置和有效利用。

产业融合可以有效提高经济效率。首先，产业融合提高了市场竞争程度。产业融合的结果是产生了新的产业，必然使市场整体的垄断程度下降，竞争程度提高，有效地提高了经济效率。其次，产业融合与产业创新相互促进。产业创新促进了产业融合，使分立的产业产生关联；产业融合又促进了产业创新，产业的关联部分的创新得到强化。这种相互促进提高了新兴产业内生产者开拓市场、占据市场并获得利润的能力，新兴产业的技术效率也必然得以提高。

文化创意产业的快速发展与产业融合密不可分。文化创意产业以新的文化创意思想、理念或技术为核心生产力，在将文化创意思想、理念或技术附着至其他产业的过程中，文化创意产业与其他产业的分立逐渐消失，产业边界开始模糊，产业融合出现。与受到技术限制的其他产业不同的是，文化创意的产业核心是我国所特有的物质文化、精神文化、历史文化与民族文化，不仅不受制约，反而由于我国五千年的文明古国特质，具有得天独厚的优势，加上文化创意产业的扩散和溢出效应，实现了快速的产业发展与产业融合。

文化创意产业与其他产业的产业融合也可以参照斯蒂格里茨（Stieglitz，2002）[43]的分段标准。第一阶段：新的文化创意思想、理念或技术使文化创意产业与原本分立的其他产业出现关联；第二阶段：随着新的文化创意的发展和日趋成熟，关联产业出现创意提升，各种创新性思想、理念或技术得以广泛应用；第三阶段：文化创意产业和关联产业的技术边界开始模糊，出现一个新兴产业。

需要注意的是，新兴产业的归属取决于自身的产业性质，最终只归属于产业边界交叉中的某种产业。产业融合过程中，文化创意产业和关联产业的边界都产生改变，而当新兴产业出现后，产业归属也随之确定。例如，动漫产业来源于漫画产业与广电产业的交叉部分，成型后归属于广电产业；动漫周边产业来源于动漫产业和制造业的交叉部分，成型后归属于文化制造业。

文化创意产业与相关产业的融合来自两个层次：

（1）在产业内部的融合。文化创意产业将创意有效嫁接至其他相关产业的每个环节，即文化创意产业会在与相关产业的融合中进行"创意服务"，并逐渐演进出新的文化创意细分产业（杨秀云和郭永，2014）[27]，以制造业为例，如图2-2所示。

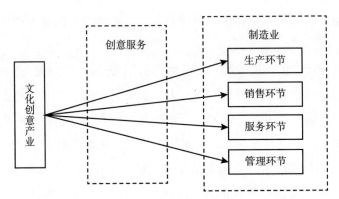

图2-2　文化创意产业与相关产业的内部融合机理

（2）在整体产业边界上的外延交叉融合。文化创意产业与三次产业融合基于产业间投入产出关系的供应链通道，文化创意产业向其他产业寻求科技产品注入，同时向其他产业进行创意产品输出，在更大的范围内实现产业创新和产业融合。文化创意产业通过供应链可以和农业融合，衍生出"创意农业"的新兴产业形态（厉无畏和王慧敏，2009）[44]；可以和工业融合，不断带动工业部门创意创新；也可以和服务业融合，提升服务效率与服务水平。具体如图2-3所示。

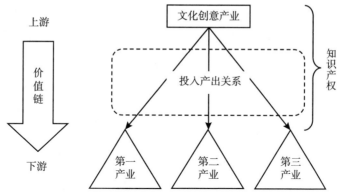

图 2-3　文化创意产业与三次产业的融合机理

2.2.4　创新扩散理论

创新扩散理论的雏形源于库兹涅茨 1930 年对产业发明潜力的论述，他指出产品的产出随时间呈现 S 型变化趋势，最终产出必然停滞甚至产生下降，原因正是由于产业的发明潜力会逐渐耗尽，而新的产品继续出现，并重复这一过程（库兹涅茨，1989）[45]。在后续的研究中，罗杰斯（Rogers，1971）[46] 和曼斯菲尔德（Mansfield，1961）[47] 分别从市场需求的角度和市场供给的角度中阐述了这一理论。

罗杰斯（1971）指出，在创新扩散过程中，人们对新产品的态度存在着明显的差异。部分消费者会选择首先试用新产品，而后带动其他消费者使用该产品，产品销售逐渐达到高峰；当绝大多数消费者均使用了这种产品时，销售量开始下降。在此过程中，大众传播能有效地提供相关的知识和信息，而人际传播则更直接、更有效地说服人们接受和使用创新[46]。在创新扩散的初期阶段，消费者对其的认同度和接受度均较低，传播速度缓慢；但当消费者的使用比例达到一个临界值时，传播就会加速起飞，大多数消费者会在此时采用该创新。对于营销人员来说，该阶段是创新产品销售的"成长期"，销售额会快速增长。然后，创新扩散速度减慢，消费者数量逐渐饱和。对于营销人员来说，该阶段是创新产品销售的"成熟期"，销售和利润达到历史高点。

曼斯菲尔德（Mansfield，1961）建立了一个描述技术扩散的模型，他在模型中将市场中的厂商按照是否采用创新技术分为了两类。当一项创新技术在某家厂商出现时，其他厂商对该创新需要一个了解和接受的过程，此时采用创新技术的厂商比例较低，厂商数量增长缓慢；但随着时间流逝，未采用创新技术的厂商和采用创新技术的厂商接触愈发密切，采用创新技术的厂商数量逐渐增加，创新技术扩散速度加快；而当采用创新技术的厂商达到一定比例后，未采用者越来越少，扩散速度再次减缓[47]。在此之后，贝斯（Bass，1969）在曼斯菲尔德的技术扩散模型基础上进一步深化，提出了现在通用的新产品扩散模型（或称为新技术扩散的时间路径模型）[48]。贝斯模型在原始模型基础上，对创新技术的特性按照创新性和模仿性再次拆分，引入创新性与模仿性的相对比例关系可以准确分析新产品（或新技术）的时间路径，并提出了创新性较大、模仿性较小，创新性较小，模仿性较大和创新性、模仿性均处于中性的三种不同时间路径。

无论市场需求角度下的创新扩散过程描述，或是市场供给角度下的创新扩散时间路径模型，对创新扩散过程的阶段划分是基本一致的，均指出了新产品（或新技术）成长期中在市场的快速扩散趋势，这与我国文化创意产业的市场规模迅速扩大契合度极高。将我国文化创意产业创意创新的具体特性代入贝斯模型，采用对应的创新扩散路径即可判断我国文化创意产业近年来的技术效率趋势。

2.2.5 规制理论和产权理论

在我国文化创意产业的技术效率水平和变动趋势得以定性（或定量）衡量后，分析技术效率改进的具体路径需要正确的理论支撑。本研究的主要目标之一是关注市场化改革对我国文化创意产业技术效率的具体影响，主要理论基础包括两点：规制理论和产权理论。

1. 规制理论。

规制指通过产品定价、产业进入、投资决策、社会环境和安全等行为对产业或企业的监督管理。规制分为经济性规制和社会性规制。经济性规制关注政府在限制企业定价、限制企业进入或退出产业等方面所起到的作用，重点调控产业发展中存在的自然垄断和信息不对称等现象。社会性控制的目的是确保居民的健康和安全，防止公共危险并保护环境，重点调控产业发展中出现的经济外部性问题（植草益，1992）[49]。本研究的规制主要面对文化创意产业，是经济性规制。

规制经济学按照规制的经济作用分为两个派别：规制有效和规制无效。两个派别的相互否定和经验补充，推动了规制经济学的发展。规制经济最早可以追溯到亚当·斯密对市场的自由放任，使用"看不见的手"使市场效率最大化，并由此衍生出自然垄断理论和社会福利理论。而后马歇尔提出的"外部效应"思想指出了成本与收益不当分配会形成市场失灵，庇古在此基础上提出以税收或补贴形式进行政府干预，得到了规制理论的雏形，亚当·斯密所倡导的自由竞争、放松规制的理论基础受到撼动。在此基础上，斯蒂格勒提出了规制俘虏理论，规制制定机构在制定规制时，规制实施机构在实施规制时均要考虑产业的发展需要（即立法者、执法者均被产业俘虏）（斯蒂格勒，1994）[50]。规制俘虏理论可以说明政府规制的无效性，但当市场失灵与政府失灵同时存在时，按照市场情况放松部分规制并实行激励性规制就成为政府规制的发展方向。

激励性规制主要是通过设计合理的制度，克服传统政府规制的缺陷，激励被规制企业提高内部效率，降低规制成本，提高企业资源配置效率。如特许招标制度、区域竞争制度、价格上限规制、社会契约制度等。放松规制主要是放松或取消原有规制，如解除价格管制、改变行业进入条件等。

2. 产权理论。

产权制度和由产权引起的获取或转让是新制度经济学的研究中心之一。产权并非人与物之间的关系，而是由物的存在及关于它们的使用所引起的人们互相认可的行为关系。产权的获取或转让通过多种方式发生，例如，继承与赠予、购买协议或中央机构的命令（埃瑞克和鲁道夫，1998）[51]。

产权可以影响和激励所有者的经济行为。在交易费用大于零的实际情况下，产权的具体机构以具体和可预测的方式影响经济资源的配置和使用（Furubotn，1976）[52]，也影响着产业的技术效率和其他效率。当产权的所有者以企业形式出现时，企业的行为目标是追求市场利润的最大化；而当产权的所有者是以事业形式出现时，事业的行为目标则变成追求福利最大化，并着重关注市场失灵部分的公共物品与公共服务。如果一个单位的所有者同时具有这两种目标，单位出现了事业形式和企业形式混淆的情况，其技术效率和其他效率必然无法保证。

我国的文化创意部门也面临着规制问题和产权问题。自"文化产业"被写入中央文件以后，公益性文化事业和经营性文化产业相混淆成为制约文化发展的重要问题。文化事业和文化产业发展均受到了阻碍，需要由政府主导的公益性文化事业长期投入不足；而需要由市场主导的经营性文化产业长期依赖政府。我国政府在注意到这一问题后，以中央机构命令的激励性规制形式，厘清了文化事业和文化产业两者之间的关系，全面推动了国有经营性文化事业单位的转企改制，并采取加强文化立法和扶持政策等措施进一步深化文化体制改革；在产业自由进入，引入竞争机制、减少规制成本方向上取消了部分规制；同时，我国政府对文化创意产业转企改制的规制手段促进了产权明晰。这些措施均有效地提高了我国文化创意产业的技术效率。

2.2.6　空间经济理论

在分析不同区域间文化创意产业技术效率改进的具体路径时，除了依托于与市场化改革相关的规制理论和产权理论，还需要引入空间经济理论进行空间分析。空间经济理论进入经济学的主流研究时间不长。自冯·杜能1826年由工业区位和厂商的选址定位问题指出产业集聚的主要原因[53]，直到150年后的迪西克特－斯蒂格利茨垄断竞争模型（Dixit & Stiglitz，1977）[54]，空间经济学终于针对收益递增和不完全竞争问题找到了合适的研究工具，空间问题也进入了经济理论的核心部分。

在此基础上，保罗·克鲁格曼开始就"生产的空间区位"讨论经济地理问题。他设定了基于分歧理论的分岔点模型（藤田昌久、克鲁格曼和维纳布尔斯，2013）[55]，并按照变量的取值范围将其分为描述边界模糊的区域间产业集聚模型与解释产业集聚和城市乃至城市群形成的中心—外围理论模型两种。由于文化创意产业集聚满足连续、渐变的数理表述，因此对文化创意产业集聚的研究建立在区域间产业集聚模型的理论基础之上。

随着文化创意产业的飞速发展，产业的集聚程度大大增加，文化经济中的企业间交往和地方劳动力市场的形成过程，以及文化特性所决定的"高回报"效应，促使了生产制度和地理环境的聚合（Scott，1997）[56]，这种空间集聚可以强化地区外在影响，并催生地区的内在布局优化（Landry，2012）[57]。这种对地区的直接和间接影响构成了人才和资本的磁场，也导致金融等服务业的支撑作用逐渐强化（Caves，2000）[58]，以相互促进的方式使集聚过程加速发展，在空间上形成文化资源的高度集中（郑玲莉，2009；康小明和向勇，2005）[59,60]。

我国文化创意资源的集聚与空间竞争促进了各地区的联动发展。文化创意产业与按省域分布的传统产业融合决定了文化创意产业的空间地理特性；而文化创意产业依托于经济全球化的时代背景特征又决定了文化创意产业的空间经济特性。无论是地理意义还是经济意义上的关联，结果都带来一个地区对其他地区的模仿借鉴。有选择的模仿借鉴会使文化创意产业的技术效率提高；但完全照搬必然带来产业高度同构，导致模仿地区的文化创意产业技术效率下降。

2.3　文　献　综　述

文化创意产业的技术效率研究需要大量文献作为参考。国内外相关文献研究以文化创意产业的作用为基准，进而讨论文化创意产业效率，这些研究成果对于把握和认识中国文化创意产业的技术效率问题具有重要的理论意义与现实意义。本部分对现有的国内外文献进行梳理，寻找研究空白，确定研究的具体目标。

2.3.1 文化创意产业的作用

关于文化创意产业在经济中的作用，国内外学者的研究基本达成了共识。文化创意产业在推动经济发展，增加国民就业，满足国民多样化需求方面都起到了积极的正面作用。

1. 文化创意产业可以推动经济发展。

从 19 世纪早期到 20 世纪中后期，英国经济社会动荡加剧。米尼汉（Minihan，1977）研究指出了文化艺术对道德和社会稳定的正向影响[61]，这也成为英国在国家和地方的文化领域采取政府资助和补贴的主要原因，政府行为开始有意识的介入文化领域。

惠特（Whitt，1987）通过研究美国许多城市以文化艺术为中心的增长战略，指出城市、经济和艺术本身的性质在历史进程中不断变化，艺术逐渐成为城市增长机器的重要组成部分[62]；迈尔斯科夫（Myerscough，1988）进一步指出，文化艺术可以为社区的复兴和团结提供重点，为艺术家和工人提供就业机会；吸引国内和国际游客，在城市与其他城市争夺投资的竞争中改进城市形象[63]；威尔金森（Wilkinson，1992）指出了文化艺术推动城市进行"地方营销"的重要性。文化艺术的"地方营销"可以让落后的工业城市摒弃现存的负面形象，并重新塑造当地传统文化的积极因素，吸引外来投资，并为城市的管理人员和工人提供良好的生活质量[64]。

综合上述研究，科瓦斯加和丰克（Dziembowska – Kowalska & Funck，1999）将文化与经济的关系概括为："文化是经济、社会、生活及所有其他领域相关的区域社会经济体系的一部分。[65]"研究指出："文化艺术领域的商业活动会通过投入和产出的相互关系传递到城市经济的其他部门，一个地区的文化活动和文化景点对零售服务、酒吧、餐馆和酒店服务以及运输和运输相关服务产生了额外的需求，并对该地区的经济产生正向影响。[65]"

许多国外学者的统计与计量分析论证了这一观点。例如：布莱恩等

（Bryan et al. ，2000）通过审查 1997 年表演艺术、视觉艺术、工艺、设计、文学、出版、媒体和遗产部门的一系列行业，肯定了艺术和文化产业对威尔士经济的正向影响[66]。加泽尔和施瓦尔（Gazel & Schwer，1997）研究了1995 年拉斯维加斯的摇滚乐队演出对当地收入的影响，他们发现成千上万的游客专门到该地区去听音乐会，有效拉动了当地经济发展[67]。内尔和伯恩斯（Nel & Birns，2002）描述了南非某市政当局利用其沿海位置和气候优势的"地方文化营销"来克服长期经济停滞的典型案例[68]。戴维·思罗斯比（David Throsby，2004）利用投入产出分析方法以及 CGE 模型等，剖析了所研究的文化产业中的主要参与者之间的结构关系，并描述了每一利益攸关方群体与整个经济中的相关实体之间的互动，肯定了艺术和文化产业对城市或区域发展的贡献。他对艺术和文化产业的运作以及如何影响经济和社会进行了研究，发现艺术和文化产业对经济增长具有巨大的推动作用[69]。

我国文化创意产业的雏形出现于 19 世纪末期，比发达国家略晚。我国学者也在研究中肯定了文化创意产业对经济发展的正面作用。陆立新（2009）采用我国文化产业 1990~2006 年的有关样本，通过基于向量自回归（VAR）模型的脉冲响应函数和预测方差分解方法，分析了我国文化创意产业投资与经济发展的关系，发现从长期来看二者存在明显的正相关关系，从短期来看存在文化创意产业投资到经济增长的单向因果关系[1]。李增福和刘万琪（2011）以 2003~2009 年《文化产业蓝皮书》及中国统计局数据为基础，使用灰色关联度方法结合新古典经济模型，对文化产业中投资、劳动和创新对经济增长的影响进行了测度分析，得出了文化产业对经济增长具有很强拉动作用，对第三产业的影响最为明显的结论[2]。成学真（2013）采用 1994~2010 年数据，基于 VAR 模型进行检验，认为文化创意产业发展与经济增长之间存在长期均衡关系，但研究阶段内文化产业的发展对经济增长的贡献并不显著，反而是文化产业的发展更多依赖于政府财政支持[3]。刘亦赫（2016）基于我国 2012 年的投入产出表，采用投入产出法计算得出，我国文化创意产业与众多产业存在密切关联，对经济的带动作用存在较大的发展空间[4]。李建军和任静一（2016）基于上海市 2007 年与 2012 年的投入产出表，采用投入产出法计算得出了与成学真（2013）类似的结论，即上海经济发展对文化创意产业的影响要大于文化创意产业发展对上海经济的影响。与成学真（2013）结论不同的是，从变化趋势来看，上海文化创意产业对上海经济发展的影响在不断增强，而上海经济发展对文化创意产业的影响却不断大幅减弱，体现出了文化创意产业在发展中对经济发展影响力不断增强的特性[70]。

2. 文化创意产业可以增加国民就业。

学界对文化创意产业增加国民就业的具体作用存在两种不同的声音：第一种声音认为文化创意产业可能创造了新的就业岗位，但不应夸大关于新就业岗位的具体经济影响。巴西特（Bassett，1993）在他对英国文化战略的研究中指出，布里斯托尔的文化部门直接创造了 2600 个就业机会，但即使这一数字出现大幅的增长，也不能抵消当地经济其他某些部门关闭的影响[71]；戴维·思罗斯比（David Throsby，2013）也指出，如果声称文化产业的就业水平代表着创造新的就业机会，就可能出现充分就业条件下的悖论情况。因为在一个充分就业的经济体中，即使文化创意产业不存在，文化创意产业中的工人也会在其他产业就业[72]。第二种声音则肯定了文化创意产业对增加国民就业的具体作用。卓尔能（Drennan，2002）指出，创意产业不仅雇用的专业人员比例高于其他产业，而且还创造了大量需要高中或以下学历的服务工作[73]。缪勒等（Kathathrin Müller et al.，2009）指出，文化创意产业是经济中最富有革新精神的部门，它通过创新投入方式为其他部门的发展提供支持，不只是在文化创意产业内部提供新的就业岗位，而是通过将文化创意产业附着于传统产业，调整宏观经济结构，创造更多的就业机会[74]。

同样的，大量论文统计计算了文化创意产业的就业岗位在经济整体中的比例情况，但对由此带动的经济整体就业鲜有论证。例如：帕拉特（Pratt，1997）指出，1991 年英国文化产业中雇用的工人占总劳动力的 4.5%，而在伦敦这一数字上升到了 26.9%[75]。斯科特（Scott，2000）指出，1992 年美国文化产业中雇用的工人占总劳动力的 2.4%，而 50% 以上的工人都集中在人口 100 万以上的大城市[76]。鲍尔（Power，2002）使用 1970～1999 年的瑞典文化产业数据，发现瑞典文化经济的工人人数占该国就业总人数的 9%（大多数在斯德哥尔摩），并从文化经济发展的时间趋势上论证了文化产业的发展有助于提高瑞典的就业水平[77]。加西亚等（García et al.，2003）对西班牙的文化和休闲产业进行研究，从国家、部门和地区三个互补的角度进行分析，指出文化和休闲产业的就业人数达到了经济中总雇员人数的 7.8%[78]。

我国类似研究出现时间较晚，可能受到帕拉特（Pratt，1997）、斯科特（Scott，2000）以及鲍尔（Power，2002）等人的研究结论启发，多数研究集中于经济发达城市中文化创意产业的就业影响。例如：周圳祥和张亚卿（2014）根据北京市对文化创意产业的定义及分类，结合 2008~2012 年的《北京统计年鉴》数据，对北京文化创意产业的就业贡献度进行分析，与北京市整体及三产的就业增长率进行对比，得出北京文化创意产业在整体上具有很强的劳动力吸纳力和就业创造力的结论[79]。陆桂昌和陈锐（2015）以北京市 2004~2010 年的数据为基础，指出北京市的文化创意产业的就业弹性远大于三次产业均值，说明文化创意产业具有较强的劳动力吸纳能力，并通过直接就业效应带动了就业的快速增长[80]。安锦和陈争辉（2015）选取 2001~2012 年《中国统计年鉴》和《中国文化产业人才发展报告》数据，指出文化产业发展显著带动就业，其就业弹性明显高于第三产业的就业弹性；文化产业的间接就业效应显著优于直接就业效应，即文化产业的发展推动了就业结构的优化[81]。

3. 文化创意产业可以满足国民的多样化需求。

关于国民对文化创意产品的多样化需求，最早的研究来自包莫（Baumol，1966），他直观描述了不同人群对于文化消费的不同倾向。例如，中年人更倾向于消费古典音乐和歌剧；年轻人更倾向于消费表演艺术；女性更倾向于消费戏剧、音乐会和电影[82]。布迪厄（Bourdieu，1984）将其概括为处于社会中具有不同特征的人群拥有不同的经济和文化资本的组合，他们品位不同，文化消费模式也不同[83]。

在布迪厄（Bourdieu，1984）的研究基础上，产生了两大类研究。一类着重于研究特殊人群的文化消费情况，费瑟斯通（Featherstone，1991）指出了作为"新的文化中介"的艺术家、知识分子、媒体专业人员和学者这些特定群体的重要性,以及他们在经济改革和文化变革之间的中介联系作用。他们在空间上集中于文化资本丰富的城市,既是文化艺术的主要生产者,也是文化艺术的主要消费者[84]。另一类研究则侧重于讨论不同人群对于文化的不同消费模式,具有代表性的是萨维奇等(Savage et al., 1992)的研究,他将三种不同中产阶级生活方式加以区分:分别为公共部门的福利专业人士与"禁欲主义者(此处为直译)"的生活方式相联系,私营部门的专业人士与"后现代"的生活方式相联系,而政府官员则与"不起眼"的生活方式相联系,这些不同的生活方式包括了对高雅艺术和流行文化的不同消费模式[85]。

我国类似研究多集中于第二类研究,着力于讨论不同消费群体对文化创意产品的多样化需求。盛康丽(2016)更为细致的将不同人群的特征进行细化,指出年龄与使用社交软件关注文化创意信息的程度负相关,年轻人更倾向通过新媒体渠道关注文化创意信息;而日常浏览新闻偏好、去公共文化场所的频率、使用社交软件关注文化创意信息的程度与文化创意产业发展评价正相关[86]。刘平(2014)对文化消费多样化趋势从供给角度进行解释,指出"微传播""微内容"的创意与体验消费融合,给消费者带来新鲜有趣的创造性的文化体验,以满足人们对文化创意产品的丰富需求[87]。张洁、凌超和郁义鸿(2015)对之进行了补充,指出了知识产权保护和城市化水平的提升对于保持文化创意产品多元化的积极作用[88]。杨永超等(2015)指出,文化创意消费的多元化也推动了文化创意产业的跨界发展(多集中在文化休闲旅游业和创意产业基地)两个层面,而文化创意产业的跨界发展又进一步推动了文化创意产品的多元化[89]。

2.3.2 文化创意产业的效率

上节文献说明了文化创意产业在经济发展中的积极作用,本节则对文化创意产业的效率研究进行梳理,并将文化创意产业效率的研究分为测度方法、影响因素和演进趋势三个方向。

1. 文化创意产业效率的测度方法研究。

传统的效率标准来自对帕累托最优的定义，但在真实世界中帕累托最优所需求的古典边界等价无法实现，理想化的帕累托条件无法满足。埃里希（De Alessi, 1983）将产业效率定义为约束下的最大化，一个产业系统总有其有效率的解，只要这些解符合反映其特征的约束[90]。在任何一种情况中，收敛的约束条件确定了一个有效率的边界集合。一个追求效率最大化的企业只要不位于效率的边界线上，就一定存在向效率边界转移的动机。此时企业的行为是理性的，从而解决了实际的效率边界问题。

类似地，文化创意产业的效率指在给定的文化创意劳动力资源和资本投入集合约束下，所能生产出最优产值的能力。效率的定义最初来源于法瑞尔（Farrell, 1957），以边界生产函数的概念衡量决策单位的效率水平，将效率最高的生产点连接成生产边界，而任一真实生产点和生产边界的差距即表示生产点的无效率程度[91]。

文化创意产业的效率反映了各种产业投入与产出之间的关系，通过效率衡量一组投入要素转换成为产出过程中的绩效表现。基于法瑞尔（Farrell, 1957）提出的边界模型基本精神，许多学者提出不同的实证方法加以修正，学界常用的效率测度方法包括非参数法和参数法两大类，其中，非参数法的代表方法是数据包络分析（DEA），而参数法的代表方法则是随机前沿分析（SFA），DEA 和 SFA 这两类估算方法的优势与劣势比较如表 2-1 所示。

表 2-1　　　　　　　　　DEA 和 SFA 的优势与劣势比较

比较项目	数据包络分析（DEA）	随机前沿分析（SFA）
变量选取	投入要素可自由选取	投入要素需遵循固定的函数形式
效率前沿面	随时间改变而改变	存在一个固定的效率前沿面
效率取值	相对数	绝对数
随机扰动	存在于效率水平内	存在于效率水平外

数据包络分析（DEA）不需要指定具体的函数形式，灵活性较强，但需

要逐年测定效率值，这样的测度方法导致每年的技术效率前沿面都不相同，人为割裂了面板数据中时间序列的数据关系，使效率成为相对数值，无法将效率作为被解释变量纳入影响因素模型进行进一步的研究分析。按照数据包络分析（DEA）计算出的相对效率水平包含了随机扰动因素，偶然的事件冲击可能会严重影响其测度结果。相比之下，随机前沿分析（SFA）需严格遵循合适的函数形式，对函数和现实的匹配度要求高，但可以直接应用于面板数据，以全体样本来建立前沿面，得到多年技术效率水平的绝对值，有助于进一步代入分析技术效率的相关影响因素。在生产过程中，企业难免会遭遇无法控制的非技术性随机影响，例如，生产要素供给的外部冲击、机器损坏、甚至自然灾害等。因此，生产差异的误差项既包括技术无效项，也包括企业本身无法控制的随机干扰项。

2. 文化创意产业效率的估算与演进趋势研究。

在关于我国文化创意产业效率的估算研究中，学者们运用 DEA、三阶段 DEA、超效率 DEA、SFA 等不同方法，基于不同样本，对文化创意产业效率的测度和演进趋势展开了研究。具体研究内容如下：

（1）文化创意产业效率的估算研究。

我国文化创意产业的效率估算研究最早采用的是 DEA 方法，用于同一时点上区域间的效率比较。郭国峰和郑召锋（2009）选用 2008 年数据对中部六省文化产业的发展绩效进行深入研究，得出中部六省多数省份的文化产业发展绩效低于全国平均水平的结论[92]。王家庭和张容（2009）选用《中国文化产业发展报告》中 2004 年 31 个省份的指标数据，分析指出 2004 年我国 31 省文化产业效率表现不容乐观，总体技术效率水平较为低下，文化产业经营企业规模较小是这一情况的主要原因，扩大企业规模是提升效率的最优路径[93]。蒋萍和王勇（2011）利用第二次经济普查数据，分析了我国 31 个省份 2008 年文化产业的投入产出效率，指出我国大部分省份文化产业投入产出效率不容乐观，规模效率低下是导致文化产业投入产出效率低下的主要原因[5]。戴新民和徐艳斌（2011）选用 2010 年底在沪深两市上市的 23 家传播与文化上市公司作为 DEA 评价的决策单元，选用 VRS 模型对技术效率进行分析，发现传播与文化上市公司的技术效率较低，绝大多数公司的规模无效率与规模效率递减趋势是技术效率低下的主要原因[94]。

而后，学者们并不满足于文化创意产业效率的截面估算，开始追求某一时段内的效率估算，根据 DEA 方法衍生出的三阶段 DEA 和超效率 DEA 成为主要估算方式。马萱和郑世林（2010）、韩学周和马萱（2012）分别选用中国文化产业 1998～2006 年、2000～2009 年的省际面板数据进行分析，指出我国文化产业在 1998～2009 年期间的技术效率、纯技术效率和规模效率均有显著提升；且东部地区文化产业效率上要远高于中西部地区[95,96]。袁海和吴振荣（2012）利用 BCC 模型和超效率 DEA 模型测算了 2004～2008 年中国各省份文化产业的效率，发现在此期间，中国文化产业效率稳步提高，且技术效率比规模效率对文化产业效率的增长贡献要高；指出中国文化产业效率改进的主要动力是市场效应和城市化经济[97]。邱煜和葛智杰（2013）选取在沪深交易所上市的 27 家文化类上市公司作为样本，采用三阶段 DEA 模型对各公司经营绩效评价进行研究。结果表明：文化类上市公司的技术效率存在微弱下降趋势，经营效率表现不容乐观[6]。陈传宾、周秀玲和孟磊（2016）选用北京市文化创意产业 2006～2014 年数据对投入产出效率进行分析研究。结论显示，北京市文化创意产业整体效率发展良好，但在旅游休闲娱乐业、其他辅助服务业等细分文化创意产业出现了规模报酬递减的现象[98]。

在数据包络分析（DEA）方法被学界广泛采用的同时，随机前沿分析（SFA）方法也进入了学者的研究视野。与 DEA 的系列方法不同，SFA 方法面对面板数据，研究时段更长，数据量更多，可以更有效的反映我国文化创意产业的效率（或技术效率、规模效率）的变动趋势和影响路径。马跃如、白勇和程伟波（2012）选用 2003～2008 年省市数据，运用随机前沿生产函数（SFA）模型分析我国文化产业效率，并分析了文化产业发展规模和环境两个方面的影响因素对文化产业效率的作用。结论显示，我国文化产业发展没有形成规模经济；地方经济水平、基础设施、社会资本与市场化等因素对我国文化产业生产效率的提高具有明显的正向作用；东部地区和其他地区相比具有较高的文化产业生产率水平和增长速度[99]。董亚娟（2012）采用随机前沿技术对我国 2004～2009 年 31 个省份的数据进行了实证检验，发现 2004～2009 年我国文化创意产业的综合技术效率"低位震荡"特征明显，东、中、西部地区的地理位置对文化产业发展的影响不显著，但地区的文化资源却是影响区域文化产业的重要因素[100]。

除此之外，林松等（Sung - Lin，2012）提出了新的效率评价方法。他们将人工智能中的模糊逻辑理论与集体决策技术相结合，建立了评估文化创意产业发展效率的多标准模型，研究指出利用人工智能建立量化的决策支持模型不仅有利于比较量化值以供决策参考，模型的高度客观性也有助于提高评估的有效性[101]。

（2）文化创意产业效率的演进趋势研究。

文化创意产业效率动态演进的分析方法大致分为两种：一种是使用 DEA - Malmquist 指数模型分析全要素生产率的演进过程；二是使用 SFA 模型分析技术效率动态演进过程。

在 DEA - Malmquist 指数模型分析中，何里文、袁晓玲和邓慧敏（2012）选取我国 31 个省份 2005～2009 年的数据对文化产业全要素生产率变动以及技术变动进行实证研究。研究表明：2005～2009 年我国文化产业全要素生产率整体呈波动式增长[16]。揭志强（2013）选用 2004 年与 2008 年的文化产业国家标准统计数据，对我国 31 个省份文化创意产业全要素生产率变动进行实证研究，指出我国文化产业全要素生产率总增长率达 39.3%；文化产业全要素生产率的进步主要得益于技术进步，而不取决于纯效率和规模效率的改善[102]。王凡一（2015）选用 1996～2012 年我国文化产业相关数据，结合 MI 模型对中国文化产业投入产出效率进行动态分析，发现中国各年份文化产业投入产出效率总体上呈现上升趋势；文化产业投入产出效率较低的原因主要源于规模效率的低下；相对较高的纯技术效率和前沿技术移动效率对文化产业投入产出效率的不断提升具有重要作用[103]。在 SFA 模型分析中，乐祥海和陈晓红（2013）对中国文化企业 2000～2011 年的面板数据进行实证分析，将中国文化产业技术效率水平的波动趋势分段描述，指出中国文化产业技术效率存在上升、下降、又上升的波动趋势[104]。

除此之外，学者们也尝试讨论文化产业效率的空间演进过程。艾伦（Allen，2004）最早这样描述文化产业的空间关系："文化产品贸易的稳步开放，使各地的（文化产业①）中心有可能建立持久的竞争优势，……，（文化产业）逐渐陷入商业和创造性互动的区域性网络。……，（空间）进化趋势指向各地空间分布的多个生产聚集点，每一个都占据着独特的市场位置。[105]"但是，我国的文化创意产业仍缺乏系统性的空间演进分析，学者们只是在研究中指出了文化创意产业技术效率的区域差异，并没有将具体的空间矩阵形式纳入分析框架。王家庭和张荣（2009）选用《中国文化产业发展报告》中2004 年 31 省的指标数据，采用三阶段 DEA 方法，指出我国文化创意产业效率的区域差异明显，东部表现最优，中部次之，西部最差[93]。郑世林和葛珺沂（2012）选用 1998 ~ 2009 年中国省际文化产业投入产出的面板数据，应用DEA – Malmquist 方法测算了文化产业的全要素生产率增长率，指出中西部地区与东部地区相比，文化产业全要素生产率仍然存在较大差距[106]。周锦和闻雯（2012）选取全国 2009 年各省份文化创意产业相关数据，采用因子分析方法，得出文化产业还存在较明显的地区分级化的结论。东部沿海地区发展较快，中部地区处于中等水平，而西部地区则相对落后[107]。

3. 文化创意产业效率的影响因素研究。

由于文化创意产业效率实质是从另一个角度观察文化创意产业发展，因此其影响因素与文化创意产业发展的影响因素相同。本研究将文化创意产业效率的影响因素分为两类：第一类是所有产业研究中考虑的基础影响因素，如劳动投入和资本投入；第二类是在文化创意产业发展过程中起到约束作用的外部条件，如政府政策、城市基础服务与设施、产业集聚程度、市场机会、产权分配、技术水平等。

（1）基础要素投入。

格莱瑟、科尔科和萨伊兹（Glaeser，Kolko & Saiz，2001），佛罗里达

---

① 原文并非采用"文化产业"这一具体指向，而是以"音像制作中心"为例说明文化产业的空间性。

（Florida，2002）的研究肯定了人力资本对文化产业的重要作用，指出人力资本通过影响创意产业发展，推动了城市经济增长[108,109]。尤素福和内贝希马（Yusuf & Nebeshima，2005）进一步肯定了人力资本中创意人才、高等学府对文化创意企业定位选择的决定性作用[110]。曼宁和赛多（Manning & Sydow，2007）、贝蒂奥尔和莎迪塔（Bettiol & Sedita，2011）则以创意人才的沟通交流为研究主题，指出在创意项目进行过程中，创意主要参与者，支持者和相关人员之间的相互作用极为重要，并由此强调了社会资本的重要性①（Nahapiet & Ghoshal，1998）[111-113]。恩赫博尔德·丘鲁本巴塔等（Enkhbold Chuluunbaatar et al.，2014）运用产业集群理论，结合社会学的观点，以蒙古国马戏团行业为例，研究发现社会资本中的创意人才对产业发展也发挥着巨大的作用[114]。

　　而国内的研究多数将人力资本对文化创意产业的正向影响作为研究目标，探讨如何培育创意人才。例如：汤舒俊和唐日新（2008）通过关键行为事件访谈法确定胜任力调查问卷，并进行问卷调查，最终将广告创意人的胜任力归为创意智力、营销导向、服务意识、沟通和个性坚韧五个因子[115]。张燕、王晖和蔡娟娟（2009）利用专家调研和层次分析法确定各指标及其权重，并最终进行了一致性检验，构建了以能力、知识、意识、绩效和性格五个方面为维度的文化创意人才素质测评指标体系[116]。王刚、牛维麟和杨伟国（2016）对文化产业创意人才素质调查问卷进行因子分析和结构方程检验，得到由创意基础、创意能力、创意人格三大维度组成，共13项素质词条所构成的文化产业创意人才素质模型[117]。

　　（2）其他影响因素。

　　齐姆波斯卡·科瓦尔斯卡和丰克（Dziembowska - Kowalska & Funck，2000）指出在研究文化艺术时，不仅要考虑直接投入与产出之间的关系，还

----

　　① 纳比特和戈沙尔（Nahapiet & Ghoshal，1998）确定了社会资本的三个维度：结构，关系和认知。结构维度是指参与者之间的整体联系模式，如网络规模，结构和中心性。关系维度捕捉了行动者与他们的联系人之间的个人关系，这些关系通过相互作用的历史发展起来，包括关系维度中的信任、规范，义务和期望以及识别。认知维度是指为各方提供共同的表征，解释和意义系统的资源。

需要考虑文化部门竞争力和城市地区商业活动发展有关的其他因素，包括空间中的地点优势或劣势[118]。

政府政策与文化创意产业的关系研究由来已久。加纳姆（Garnham，1990）对政府政策如何才能更好地作用于市场文化需求进行研究，指出依托市场去满足民众文化需求的路径要显著优于国家对文化产业进行直接资助或补贴[119]。艾伦（Allen，2004）对政府政策的作用进一步深化，认为政策的作用与其说是从一开始就刺激文化产业发展，不如说是在确立文化生产系统和城市文化环境的关键时刻进行干预，以发挥协同作用，从而提高文化产品的吸引力、创新性和竞争力[105]。在国内的研究中，岳公正（2013）指出，我国文化创意产业存在的制度约束主要为：文化事业管理环节被政府部门过度管制；非公有制文化创意企业市场自由性差；文化创意产业网络尚未形成[120]。饶世权和刘咏梅（2015）则从文化创意产品的公共性入手，指出政府监管是规避文化创意产业市场失灵，促进产业发展的关键[121]。

城市服务与设施同样影响文化创意产业发展。布雷斯纳汉、甘巴德利亚和萨克森宁（Bresnahan，Gambardella & Saxenian，2001）通过对美国，英国和一些北欧国家的经验研究，指出创意产业的发展也依赖于风险投资，法律，市场营销和广告服务以及猎头和咨询公司的帮助[122]。尤素福和内贝希马（Yusuf & Nebeshima，2005）、哈特利等（Hartley et al.，2005）指出文化创意产业的发展要与城市建设相结合，基础设施为文化创意创造更多的价值做出保障，这些基础设施包括：住房，学校教育、个人服务、电力、供水、交通，电信和卫生等[110,123]。张翠珍（2015）指出，文化类基础设施是文化创意产业发展的主要依托，不仅可以创造经济产出，还为本地创意人才成长提供土壤，同时吸收外来创意人才[124]。赵阳和魏建（2015）的分析指出，城市基础设施的普遍性落后是制约我国文化创意产业发展的主要因素之一[125]。

产业集聚程度对文化创意产业影响的早期研究来自斯托珀（Storper & Scott，1995），研究指出当具有交易能力和劳动力市场条件的文化产品行业体现出某种程度上的地理集聚时，其产品行业发展往往是富有效率的[126]。斯科特（Scott，1999）、兰蒂西（Rantisi，2002）则进一步揭示了这种经济效率的来源，即信息、意见、文化敏感性等通过产业集群所不时释放出的创新能量[127,128]。这种观点的数据支持时间略晚，克莱尔（Karenjit Clare，2013）利用 70 个广告行业从业人员的访谈数据，检验了文化产业园区等地理集群对文化创意产业发展的重要作用[129]。郑简和陈罗杰（Jane Zheng & Roger Chan，2014）则通过对上海创意集群的研究，指出上海市的创意产业集聚区有一定的集群效应，对大中型文化企业的发展影响非常明显，但对小型文化企业的支持效果低下[130]。

除此之外，经济条件、市场条件、产品产权等影响因素也在部分文献中有所提及。

汉森（Hanson，2001）、迪朗东和普加（Duranton & Puga，2001）提到了经济发达条件下的工业多样性对创意创新多样性的帮助，指出经济发达地区的产业多样性为当地的文化创意产业赋予了更多的竞争优势[131,132]。马萱和郑世林（2010）、韩学周和马萱（2012）分别利用中国文化产业 1998 ~ 2006 年、2000 ~ 2009 年的省际面板数据，指出了区域经济增长与文化创意产业效率之间的正相关关系[95,96]。马跃如、白勇和程伟波（2012）选用 2003 ~ 2008 年省市数据，着重指出了地方经济水平与市场化等因素对文化创意产业效率的提高的正向作用[99]。

王亚楠、胡雪艳和姜照君（2016）利用 2016 年国家工商总局对全国文化创意产业园区企业的调研数据，描述了地区市场化程度对企业间纵向社会资本和创新关系的影响，指出文化创意企业的政治社会资本水平成为影响其创新能力的重要因素，随着市场化程度的提升，政治社会资本对文化创意企业创新的促进作用递减[133]。

堀井（Horii，2007）基于美国历史数据分析了激励制度对农业私人创新的影响，发现知识产权保护水平对私人创新存在显著的正向影响[134]。李瑾（2016）利用 2003 ~ 2013 年 30 个省级行政区的数据，采用面板门限回归模型探讨了知识产权保护影响文化创意产业发展的机制和路径，研究发现：当经济发展水平较低时，加强知识产权保护会对文化创意产业的发展产生抑制作用，只有当经济发展到一定水平后，知识产权保护程度的加深才会显著促进文化创意产业的发展[135]。

2.4 文献评述

通过对文化创意产业发展中的相关文献进行梳理可知，国内外相关文献的研究已经取得了不少有价值的成果，对于把握和认识中国文化创意产业的发展问题具有重要的现实意义。通过对文化创意产业效率类文献的系统化梳理，发现现有研究存在一些不足：

（1）对产业技术效率的机理分析不足。我国文化创意产业技术效率的已有研究缺乏对技术效率的状态、变动及演进机理的系统性思考，多数只是就事论事，探讨某年或某个时段的技术效率值或趋势，只考察劳动、资本等易于量化的要素投入，而忽视市场化改革起到的潜在作用，没有形成系统性的分析框架对实证研究进行理论支撑，这是本研究试图填补的研究空白，也是本研究的主要研究目标之一。

（2）对产业技术效率动态评价的重视度不高。关于我国文化创意产业技术效率的估算，仍基本采用 DEA、三阶段 DEA 等方式，由于 DEA 方法中各期面对的技术效率前沿面不同，因此这两类方法的跨期比较基本无效，技术效率的动态发展也就无从谈起。而已有的 DEA – Malmquist 和 SFA 等方式虽然可以寻求到同样的技术效率前沿面，但以此展开的分析多数对难以量化的市场化环境、经济差距、空间差异等影响因素讨论不足，难以分析不同区域的差异化成因，无法反映各区域文化创意产业的异质性及其动态演进的趋势特征。

（3）对市场化改革指标的关注度较低。目前有关文化创意产业效率影响因素的研究，除直接的劳动、资本等要素投入外，大多只考虑宏观和区域经济发展因素，而对直接提高产业主体（人或企业）主观能动性（创新能力）的市场化程度等方向性因素极少关注。仅存的关于市场化的研究也只对制度性因素作哑变量处理，难以准确衡量其作用，无法全面、客观、科学的形成对文化创意产业效率的影响因素和市场化改革意义的客观认识。因此需要将市场化改革等关键变量进行分层次量化处理，并引入交叉项、平方项纳入研究模型统一分析。

（4）对产业技术效率空间评价的演进分析缺失。尽管已有一些文献运用DEA、SFA、Malmquist等方法对我国文化创意产业效率进行了分析，但这些研究都属于单一维度分析，从产业维度直接分析效率，缺乏将产业维度和空间维度相结合对文化创意产业效率进行研究，更没有提到不同区域间的空间关系和空间差异关系。

本研究的目的在于讨论我国文化创意产业的技术效率趋势及其动态与空间演进。首先，需要在我国文化创意产业事实特征的基础上构建有关文化创意产业技术效率的状态、变动及演进的系统化机理模型；其次，严格引入柯布—道格拉斯生产函数，在实证估计方法中选用参数法的代表方式——随机前沿分析（SFA），在文化创意产业数据中寻求合适的劳动投入项、资本投入项和产出项，进而计算文化创意产业的技术效率动态趋势；再其次，将计算得出的面板技术效率值代入回归模型，计算生产过程中市场化影响因素和控制影响因素对我国文化创意产业技术效率的影响系数，分析不同影响因素对文化创意产业技术效率的影响方向与影响程度；最后，将计算得出的面板技术效率值结合合适的空间矩阵，分析不同影响因素在空间维度上对文化创意产业技术效率的具体影响方向。

第3章

我国文化创意产业发展的事实特征

中国特色社会主义市场经济开创了社会主义制度与市场经济融合的先河。在我国各行各业逐渐进行的市场化改革过程中，文化创意产业经历了深刻的全方位嬗变，呈现出了不同于实体经济领域改革的成长性特征、主体性特征、竞争性特征以及开放性特征。尽管我国文化创意产业在市场化改革历程中通过产权明晰、制度创新、人才引进等诸多措施实现了华丽转身，但在国际文化强国面前仍显现出竞争力偏弱和要素回报率低的突出问题。鉴于此，提高我国文化创意产业发展质量势在必行。

3.1 我国的文化体制改革历程

我国文化体制改革和经济体制改革关系密切，但也存在着明显的时间错位和结构落差。依据1978年至今我国文化体制改革的阶段性特点，将我国文化体制改革划分为以下三个阶段：1978～1992年，实行"双轨制"并落实承包经营责任制；1993～2000年，转变职能和培育社会主义文化市场；2001年至今，文化创意产业市场化改革并快速发展。此处以我国现有145家文化创意类上市公司按成立时间的逐年增量和总量趋势图像进行图示，如图3-1和图3-2所示。

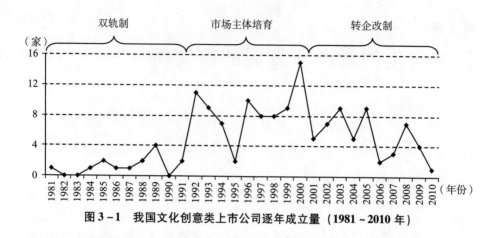

图 3 - 1　我国文化创意类上市公司逐年成立量（1981～2010 年）

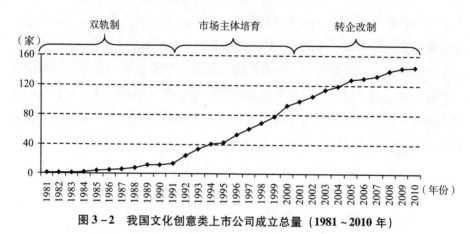

图 3 - 2　我国文化创意类上市公司成立总量（1981～2010 年）

　　由图 3 - 1 和图 3 - 2 可以看出：在 1978～1992 年的"双轨制"时期，市场上文化创意类企业的先行者极少，每年只有 1～4 家文化创意类公司成立，总量增加趋势极为平缓；而 1993～2001 年的文化体制改革无疑给文化市场注入了一支"强心针"，文化创意类上市公司成立量出现了大幅飞跃，总量增长趋势趋于陡峭；2002 年之后，文化市场主体培育基本完成，政府的工作重心也从培育市场主体转变为提高文化单位效率，推进转企改制。该阶段文化创意类上市公司成立量逐渐减缓，说明文化市场占有度逐渐饱和。总量增长趋势也再次趋于平缓。

3.1.1　双轨制和承包经营责任制阶段

改革开放之前，中国实行计划经济体制，否认市场经济的作用。文化主要被用于政治性服务，经济属性被忽视。文化被纳入国家公共事业管理范畴，文化事业单位成为唯一满足人民基本文化需求的保障部门。

1978 年 12 月，中共十一届三中全会做出了"改革开放"的重要决策，确立了"解放思想、实事求是"的思想路线。随着经济体制改革的逐步深化，国家开始实行计划经济和市场经济的双轨制模式。一些文化单位开始借鉴经济改革的经验，在企业内逐渐推行以经济承包经营责任制为主要内容的改革，开始在文化市场引入有偿服务。在社会主义公有制的基础上，按照所有权与经营权相分离的原则，通过签订承包合同，明确国家与文化企业之间的责、权、利关系，从而使企业具有较大的自主权，并以此兴办了一部分具有产业属性的文化经营实体，文化机构开始从事业转向产业。同时，国家设立文化部文化市场管理局，将文化市场纳入政府管理范畴。

由图 3 - 1 和图 3 - 2 可以看出，在计划经济与市场经济并行的"双轨制"时期，已经出现了少量的文化创意类企事业单位，但整体数量偏少，文化市场主体尚未形成。

3.1.2　文化市场主体培育阶段

随着经济发展，计划经济中延续下来的文化事业已经越来越不适应改革开放下的社会经济环境，越来越不适应人民群众日益增长的文化需求。在社会主义市场经济的环境中，培育新的文化市场主体，发展文化产业被逐渐摆上议事日程。

1992 年，中共第十四次全国代表大会明确提出建设有中国特色的社会主义市场经济体制，明确提出要"积极推进文化体制改革、完善文化事业的有关经济政策，繁荣社会主义"。市场经济体制的建立，可以充分发挥市场的资源配置作用，这为文化产业的健康发展奠定了基础。政府在文化行业加大改革力度，文化体制改革步伐加快，社会资本和国外资本开始介入，中国文化产业开始步入国际市场。

1993～2000年，改革开放的逐渐深入使我国的经济和社会产生了巨大变化。人民收入水平和生活质量得到较大改善，文化消费成为人民日益重要的消费需求。2000年，第九届全国人民代表大会第四次会议正式将文化产业列入国家"十五"计划。一些文化事业和企业逐渐成为自主经营、自负盈亏的市场主体，经营范围不断扩大，经营自主性不断增强，文化产业特性逐步显现。黄永林（2015）指出，在文化体制改革和社会主义文化繁荣的同时，文化管理部门对文化事业的宏观管理做出了加强和完善，宏观管理逐步由政府主导转向市场主导[136]。

由图3-1和图3-2可以看出，文化市场的主体培育阶段起于1992年，文化创意企业出现新的高峰。从现有的文化创意类上市公司累计数量来看，1992年附近和2000年附近出现了较为明显的拐点。1992年之后年增量趋多，2000年之后年增量趋少。在1992～2000年的时段内，文化市场的主体部分已基本培育完成。

3.1.3 文化创意产业市场化改革阶段

在文化主体的培育过程中，应该由政府主导的公益性文化事业长期投入不足，而应该由市场主导的经营性文化产业却长期依赖政府，这严重制约了文化主体发展速度。因此，在文化主体基本培育完成后，下一阶段的目标是将文化事业与文化产业区分开来，以不同主体进行分别经营。

2001年，中共十五届五中全会在《中共中央关于制定国民经济和社会发展第十个五年计划的建议》中，首次提出了文化产业的概念，并将文化产业划分为七大类，即文艺演出业、电影业、音像业、文化娱乐业、文化旅游业、艺术培训业、艺术品业等。文化产业正式被纳入国民经济发展体系，成为国民经济和社会发展的重要产业门类。文化产业逐渐与文化事业开始分离。

2002 年，中共十六大报告首次提出"积极发展文化事业和文化产业"，将公益性文化事业和经营性文化产业两者有效区分，明确了进一步深化文化体制改革的方向，推动文化产业更加科学合理地发展。为推动公益性文化事业单位和经营性文化企业单位改革试点工作的顺利开展，国务院于 2003 年 12 月印发《文化体制改革试点中支持文化产业发展的规定（试行）》和《文化体制改革试点中经营性文化事业单位转制为企业的规定（试行）》两个文件，确定了财政税收、投资和融资、资产处置、工商管理、社会保障等十个方面的配套政策。

2003 年，文化体制改革开始深化推进，首批文化体制改革试点包括了 9 个地区和 35 个文化单位。这些文化体制改革试点地区和单位在积极培育市场主体、深化产业内部改革、转变政府职能、建立市场体系等方面做出了积极的共享。各级政府开始将文化产业列为经济发展重点，并陆续出台了一系列方针政策来促进文化产业发展。

2006 年，全国文化体制改革工作会议召开，文化体制改革试点范围进一步扩大。全国 89 个地区和 170 个单位被新确定为文化体制改革试点。2008 年 4 月，全国文化体制改革工作会议再次召开，要求贯彻落实中共第十七届全国代表大会精神，加大力度、加快进度、推动文化体制改革取得实质性进展。全国先后有 108 个地区和近千家文化单位进入新一轮的改革试点，文化体制改革取得了关键进展。

2009 年，《文化产业振兴规划》出台，这是我国第一部文化产业专项规划，标志着我国文化产业上升到了国家的战略性产业层面。《文化产业振兴规划》明确文化产业要实现五个"进一步"的目标，即文化市场主体进一步完善，文化产业结构进一步优化，文化创新能力进一步提升，现代文化市场体系进一步完善，文化产品和服务出口进一步扩大。随后出台的《文化部文化产业投资指导目录》作为《文化产业振兴规划》的细则性补充，揭示了文化产业是具有示范和拉动效应的重大项目，详细列出了鼓励与限制的文化产业类别。

2012 年，经营性文化单位和公益性文化单位改革均取得了显著成就。曹光章（2014）指出，在经营性文化单位改革中，我国全面完成了出版发行、电影电视剧制作、广电传输等单位的转企改制，基本完成一般文艺院团、非时政类报刊出版、重点新闻网站等单位的转企改制。在公益性文化单位中，人事、收入分配和社会保障制度等制度改革取得明显成效，管理水平和服务效率显著提高，运行机制逐步形成。在文化市场综合执法改革中，全国列入改革范围的403个地级市及2594个县（区）全部组建了综合执法机构，文化市场管理水平迈上新台阶[137]。这一系列措施进一步深化文化体制的改革，推进了社会主义文化实现大发展大繁荣。

在这一阶段里，政府开始从体制上推进文化创意主体的市场化进程，鼓励文化创意市场主体竞争；国家促进文化创意产业发展的一系列规划，为文化创意产业及企业的发展提供了多种有利条件。在这样的战略背景下，我国文化创意产业规模迅速壮大，《中国文化及相关产业统计年鉴（2016）》数据显示：文化创意产业法人单位数由2004年的31.79万个逐渐发展到2015年的114.03万个，增加了2.587倍，年均增速达到12.31%；文化及相关产业的增加值占国内生产总值的比重不断提高，2004～2016年我国文化创意产业占GDP的比重由2.15%提高到4.14%，年均增长率为5.61%。此外，我国的文化软实力得到快速提升，以民族文化为主体吸引外来有益文化，推动中华文化走向世界的文化对外开放格局进一步形成。2005～2016年，我国文化产品进出口总额由187.2亿美元上升到885.2亿美元，年均增速15.17%①。

3.2 我国文化创意产业的发展特征

随着经济发展和技术进步，以创意创新为特点的文化创意产业已成为推动我国经济发展的重要产业。自2000年中共十五届五中全会将文化产业列入

---

① 毛莉. 推动中国文化阔步走向世界——访北京外国语大学中国文化走出去协同创新中心副主任张朝意 [N]. 中国社会科学报，2017-06-20.

中国国民经济和社会发展战略的重要组成部分以来，文化创意产业得到了政府的持续高度重视。我国文化创意产业的发展特征主要包括：产业规模的成长性特征，市场发展的主体性特征，产业发展的竞争性特征和开放性特征等。

3.2.1 我国文化创意产业规模的成长性特征

自"文化产业"被正式提出以来，我国的文化创意产业快速发展，这在产出和投入角度均有体现。从产出角度来看，《中国文化及相关产业统计年鉴（2016）》数据显示：我国的文化及相关产业增加值由 2004 年的 3440 亿元增至 2015 年的 27235 亿元，年均增长 2163 亿元，年均增长率为 20.69%，远高于同期 GDP 的增长速度，产业总体规模不断扩大。2004 年，我国文化及相关产业 GDP 占总值比例仅为 2.15%，这一数据于 2016 年增至 4.14%，年均增速 5.73%，文化创意产业对整体经济贡献不断提升。

总体来看，我国的文化创意产业增长势头强劲，对经济发展的促进作用日益凸显，对经济增长的贡献率不断上升，但与发达国家相比还存在一定差距[1]。

除了直接观察到的产出数据，文化创意产业园区的发展也可以体现我国文化创意产业的发展。在政府的积极引导下，我国文化创意产业已经初步形成了以国家级文化产业示范园区和基地为龙头，以省市级文化产业园区和基地为骨干，以各地特色文化产业群为支点的产业发展格局。2002 年底全国仅有 48 个园区建成，2012 年时出现井喷态势，达到 1457 个，并在 2014 年时达到 2570 个。2015 年，园区数量稍有回落，全国正常运作的园区在 2500 个左右。其中由国家命名的文化创意产业各类相关基地、园区超过 350 个（余可，2016）[138]。具体如表 3－1 所示。

---

① 1997～2005 年间，英国文化创意产业 GDP 占整体比重的平均取值范围在 7.3% 左右；2000～2005 年间，澳大利亚文化创意产业 GDP 占整体比重的平均取值范围在 6% 左右。

表 3 – 1　　　　　　　2010～2015 中国文化创意产业园类型数量情况　　　　　单位：个

类型结构	2010 年	2011 年	2012 年	2013 年	2014 年	2015 年
产业型	331	453	518	532	534	535
混合型	740	992	1378	1575	1733	1661
艺术型	40	61	77	79	80	82
休闲娱乐型	58	80	100	107	110	110
地方特色型	65	85	106	113	113	118
合计	1234	1671	2179	2406	2570	2506

资料来源：《2016 文化创意产业园行业市场深度调研研究报告》。

然而，由于我国文化创意产业发展时间不长，发展中还收到文化管理体制、产业发展政策、资金及专业人才、知识产权保护不足等相关制约（吴智扬，2013）[139]，我国文化创意产业仍处于产业生命周期的成长期，相对于发展国家成熟的创意产业发展仍显不足，促进我国文化创意产业健康、快速发展任重道远。

3.2.2　我国文化创意产业发展的主体性特征

我国文化创意产业的发展主要依靠内资拉动，外资企业占比只有 10%。我国文化创意产业按照企业类型划分，内资企业有 44008 家，约占总数的 90%，而港澳台及外资企业数目分别为 2836 家、2522 家，分别占比 5.75%、5.11%；按照企业控股情况划分，私人控股企业有 34145 家，占比将近 70%，而港澳台商控股和外商控股企业数目为 4622 家，占比不到 10%。具体如图 3 – 3 所示。

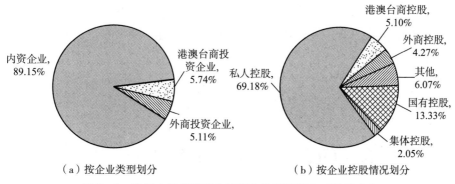

（a）按企业类型划分　　　　　　（b）按企业控股情况划分

图 3 - 3　我国文化创意产业按照企业类型划分（2015 年）

资料来源：《中国文化及相关产业统计年鉴（2016）》。

　　我国的文化创意产业发展主体以内资企业和私有企业为主。这是我国文化创意产业发展的主要特征之一，也是文化创意产业可以真正成为我国支柱产业的根本保证。相对于外资企业在面临激烈竞争时经常选择跨地区迁移，内资企业往往高度依赖当地的地理环境和人文环境，面临激烈市场竞争时通常选择在本地进行技术改造、产业升级，以提升自身的竞争力（宣烨和高觉民，2009）[140]。这样的产业发展路径才是真正有利于民族与国家的。

　　我国的深厚历史文化底蕴是文化创意产业快速发展的主要原因。我国的内资企业和私有企业对我国的文化底蕴更为了解，对市场的定位与剖析也更为准确，在与外资企业竞争中获取了较大的优势。此种产业格局使我国在发展文化创意产业时拥有较大的主动权，便于对产业结构进行调整与优化，促使我国的文化创意产业持续健康发展，促使文化创意产品实现时代化、通俗化、民族化和大众化，合理有效地应对激烈的国际竞争环境。

　　其他产业的发展经验表明：外商投资企业往往掌握着相对先进的技术，拥有强大的技术创新能力，而且可以通过技术外溢效应推动我国本土企业技术进步和管理水平的提升；成熟的外企投资往往可以有效打破行业准入壁垒和行政垄断，使内资企业置身于激烈的竞争环境中，这也促进了内资企业出于利润动机的技术进步和创新（叶黎黎，2007）[141]。

　　因此，我国在发展文化创意产业的过程中，不能对我国的历史文化底蕴持保守态度，更要发挥内资企业和私有企业的优势，在我国的历史文化基础上增加创意要素，实现文化创意的升华与升值。在产业发展的过程中，要注重学习发达国家的先进技术和与他们国家文化创意结合的先进经验，将本土优势和发达国家的先进技术、创意结合起来，培育我国文化创意产品的核心竞争力，致力于将我国打造成为文化创意产业强国。

3.2.3　我国文化创意产业发展的竞争性特征

在经济全球化和世界政治经济格局深度调整的背景下，知识产权创新战略的实施逐步增强了我国文化创意产业发展的核心竞争力，对我国加快建设创新型国家具有全面而深远的积极影响。

自1999年中国各省份纷纷出台专利资助奖励政策以来，我国的专利申请量和授权量呈现出惊人的高速增长态势，这和我国文化创意产业范畴扩大和规模扩大高度相关。近年来，我国文化创意产业专利授权总数逐年攀升，一直延续增长态势。数据显示，在2005～2015年的十一年间，只有两年略有下降，其他年份均在迅速上升。2005年专利授权总数仅为17208件，2015年增至94652件，增加77444件，年均增速为18.59%，如图3-4所示。

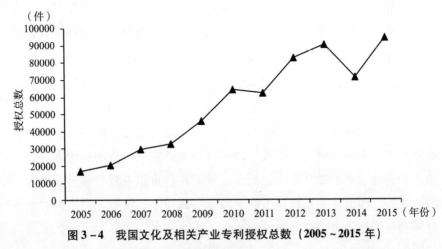

图 3 - 4　我国文化及相关产业专利授权总数（2005～2015 年）

资料来源：《中国文化及相关产业统计年鉴（2016）》。

可以发现，在知识产权创新战略、创新驱动战略等被具体实施的背景下，在内资企业、私有企业拉动产业发展的激励下，我国文化创意产业已经逐步形成创造、运用、保护知识产权的良好氛围，企业的自主创新能力逐年增强，这意味着我国文化创意产业的核心竞争力也在逐年提升，我国的文化创意类企业在国际竞争中不会像大多数制造类企业和高新技术类企业一样存在核心技术上"受制于人"的困境。此外，专利作为企业创新活动的重要组成部分，具有显著的技术溢出效应，促使整个社会部门的生产效率得到大幅提升，对我国的经济发展也具有不可忽视的重要作用（张杰、高德步和夏胤磊，2016）[142]。

3.2.4 我国文化创意产业发展的开放性特征

在国际竞争日趋激烈的今天，文化创意类产品贸易已经成为各国角逐的新领域。自 2002 年中共十六大报告提出"积极发展文化事业和文化产业"至今，我国的文化产业得到了迅速、健康地发展，文化创意产品在国际贸易中逐渐处于优势地位。据统计，2005～2016 年，我国文化产品进出口总额由187.2 亿美元上升到 885.2 亿美元，年均增速 15.17%。其中出口总额由 176亿美元上升到 786.6 亿美元；进口总额由 11.2 亿美元上升到 98.6 亿美元，2016 年实现贸易顺差 688 亿美元（毛莉，2017）[143]。具体如图 3-5 所示。

在我国出口的文化创意类产品中，图书、影视剧、网络游戏等在国际市场销售良好。据光明日报数据显示：2016 年，文化娱乐和广告服务出口额54.3 亿美元，比上年同比增长 31.8%；文化体育和娱乐业对外直接投资 39.2亿美元，同比增长 188.3%（陈恒，2017）[144]。工艺美术品及收藏品、文化用品，占总体比例极高，分别达到 48.66% 和 43.61%，这是我国文化创意类产品贸易顺差的主要来源；而中文出版物进入拉丁语系的文化市场之路相对艰辛，出版物出口只占总体的 3.41%；而作为技术相对密集的文化专用设备类产品则在国际竞争中不占优势，只占总体的 4.32%（陈恒，2017）[144]。具体如图 3-6 所示。

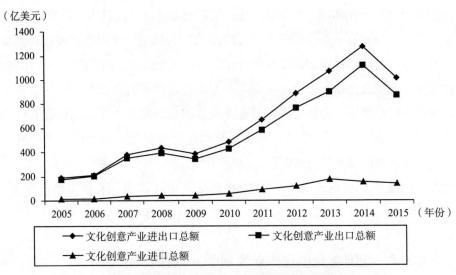

（亿美元）

图 3 – 5   2005～2016 年文化创意产业外贸情况

资料来源：毛莉. 推动中国文化阔步走向世界［N］. 中国社会科学报，2017 – 06 – 20。

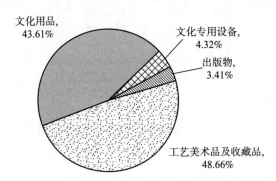

图 3 – 6   按商品类别分文化产品贸易差额（2015 年）

资料来源：陈恒. 2016 年我国文化产品出口增长迅速［N］. 光明日报，2017 – 03 – 10。

　　总体而言，我国文化创意产业出口势头极其强劲，在联合国贸发会议统计的 56 个国家中，我国的创意产品出口额度自 2005 年始，至今持续保持在第一的位置，出口额度将近统计内世界出口总额的 1/3；这说明我国文化创意类产品贸易"走出去"的步伐正在不断加快，文化创意类产品作为我国深厚历史文化的载体正通过国际贸易流向全球，影响着国内居民和国际友人的文化观念和审美情趣。

同时，我国文化创意产业的进口额度持续保持在联合国贸发会议统计国家的前十位左右，外来文化也得到了国内居民的青睐。我国的文化创意类产品的出口与进口存在巨大差距，这带来了巨额的贸易顺差，且差值不断扩大，已由 2005 年的 164.7 亿美元增长至 2015 年的 729.3 亿美元，年均增长 56.46亿美元。

形成巨额贸易顺差的原因大抵分为两方面：第一，随着我国经济的对外开放，我国的文化创意产业凭借传统文化优势，结合创意创新，辅以开放的经济政策，与新时代密切关联的文化创意类产品层出不穷，很多传统的文化产品被赋予了新的表现形式，文化创意类产品出口总额稳步上升；第二，自我国加入 WTO 以来，发达国家的先进技术、创意理念大量涌入，与我国的传统文化产生融合，生产主要面对国际市场的文化创意类产品，这种进口、加工、再出口的生产模式必然会形成贸易顺差（徐毅，2010）[145]。

3.3 我国文化创意产业的市场化特征

市场化是文化创意产业中的关键决定要素，只有市场化的文化创意产品才能被纳入文化创意产业，发展文化创意产业的最终目的是产生新的市场增长点，推动经济的发展（丁俊杰，2007）[146]。我国文化创意产业发展的市场化特征主要包括：针对性规制逐年增强、竞争逐渐增强、产权逐渐明晰和存在明显的区域差异。

3.3.1 我国文化创意产业规制逐年增强

在优化资源配置效率的过程中，政府和市场这两种力量具有决定性的作用，这要求我们必须准确认识两者的协调互补性，正确处理两者之间的关系。政府主要是通过政策发布、对文化创意产业进行规制，进而对市场产生作用，影响产业的发展演进。

文化创意产业与其他产业相比，其外部性、自然垄断性、信息不对称、公共产品性及消费者偏好不合理等因素易导致市场失灵，使市场资源的配置效率明显偏低（张秉福，2012)[147]。政府规制能够有效弥补市场失灵，提高市场主体的活动效率，因此，政府对文化创意产业进行规制有其必要性。

政府对文化创意产业产生规制效果的政策分为两种：一种是针对文化创意产业的具体发展，着力于提高产业内企业的主观能动性所提出的政府规制，我们称之为激励性规制；另一种是对文化创意产业的规范发展提出的政策，我们称之为普适性规制。

蒋园园和杨秀云（2017）对我国文化创意产业的政府规制进行量化，采用德尔菲法由专家团队成员分别对每一项政策的政策力度、政策措施和政策目标多轮打分，得到 2007～2016 年的文化创意产业政策总效力和平均效力[148]，如表 3-2 所示。

表 3-2　　　　　　2007～2016 年文化创意产业政策效力统计

年份	第 t 年新增政策数量	第 t 年新增政策效力	第 t 年政策总效力	第 t 年政策平均效力
2007	37	320	707	11.047
2008	26	362	1057	11.876
2009	28	366	1423	12.162
2010	27	334	1757	12.201
2011	19	211	1968	12.074
2012	22	301	2255	12.255
2013	26	424	2655	12.764
2014	33	532	3187	13.224
2015	32	517	3704	13.568
2016	33	711	4415	14.428

其中，年度文化创意产业政策的总效力计算依据公式（3-1)，相应年

度的平均效力计算依据公式（3 - 2）：

$$YTPE_t = \sum_{j=1}^{N} (pg_j + pm_j) \times pe_j \quad t \in [2007, 2016] \qquad (3-1)$$

$$YPE_t = \frac{\sum_{j=1}^{N} (pg_j + pm_j) \times pe_j}{N} \quad t \in [2007, 2016] \qquad (3-2)$$

其中，$YTPE_t$ 表示第 t 年政策的总效力，YPE_t 表示第 t 年政策的平均效力，N 表示第 t 年的政策数量，pe_j 表示第 j 条政策的政策力度得分，pg_j 表示第 j 条政策的政策目标总得分，pm_j 表示第 j 条政策的政策措施总得分。

文化创意产业政府规制的总效力和平均效力均随着时间的推移，呈稳定上升趋势。这表明自 2006 年全国文化体制改革工作被大面积推广以来，我国关于文化创意产业的规制逐年增强，产业政策实施目标明确，实施内容具体，实施措施符合现实。

3.3.2　我国文化创意产业竞争逐渐增强

伴随文化创意产业政府支持逐年增强，我国的文化创意产业内企业数量出现强劲的增长态势，结合创意创新专利授权数的增长，文化创意产业内竞争进一步增强。

近年来，我国文化创意产业的法人单位总数和各细分产业法人单位数均呈现增长趋势。2004 ~ 2015 年我国文化创意产业法人单位数由 2004 年的 31.79 万个逐渐发展到 2015 年的 114.03 万个，增加了 2.59 倍，年均增速达到 12.31%，占全国法人单位总量的 7.25%。其中，文化制造业的法人单位数由 2004 年的 6.89 万个逐渐发展到 2015 年的 19.16 万个，增加了 1.78 倍；文化批发与零售业的法人单位数由 2004 年的 5.11 万个逐渐发展到 2015 年的 17.73 万个，增加了 2.47 倍；文化服务业的法人单位数由 2004 年的 19.79 万个逐渐发展到 2015 年的 77.14 万个，增加了 2.90 倍。可以看出，相对于文化制造业和文化批发与零售业，文化服务业的竞争强度更高。具体如图 3 - 7 所示。

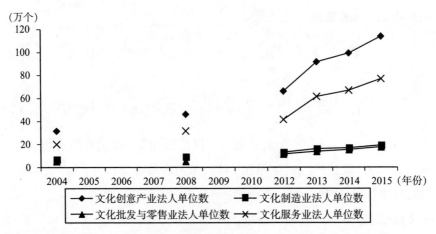

图 3 - 7　我国文化创意产业及细分产业的法人单位数（2004~2015 年）

注：断点表示该年份没有统计数据。
资料来源：2013~2016 年《中国文化及相关产业统计年鉴》。

　　竞争可以有效激发文化创意市场主体的发展动力并推动技术进步。虽然政府对实现资源的优化配置具有不可替代的作用，但其往往由于历史条件等的限制，只能选择"次优"目标，无法达到"最优"目标。而利用市场这只"看不见的手"往往可以实现经济发展过程中的"优胜劣汰"，将资源配置效率不高的因素剔除出来，实现资源配置效率的最大化。因此，从广度和深度上推进市场化的进程，可以充分发挥市场主体的主观能动性，减少政府对资源的直接配置，弱化政府对市场的直接作用，发挥好市场的"决定性"作用和政府的"基础性"作用，从而推动资源配置效益的最大化和技术效率的最优化。

3.3.3　我国文化创意产业内部产权明晰

　　在我国文化创意产业的发展过程中，政府政策和战略的推动作用不可忽视。同时，我国文化创意产业的市场化运作水平比较完善，产业内部产权明晰，私有化程度极高。根据 2015 年的数据，全国规模以上文化及相关产业中的企业共 49356 家，其中国有控股和集体控股企业共 7591 家，占比 15.38%，私人控股企业共 34145 家，占比 69.18%，说明了我国文化创意产业极强的私有化特征。具体如图 3 –8 所示。

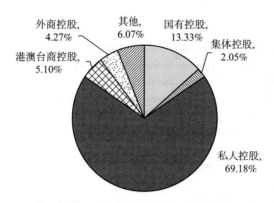

图 3 –8　我国规模以上文化创意类企业控股分类（2015 年）

资料来源：《中国文化及相关产业统计年鉴（2016）》。

　　我国文化创意产业的产权相对明晰，私有化程度极高。产权私有化可以节约因生产性资本所有权错位及劳动者与生产资料分离所造成的交易成本（廖祖君，2007）[149]。而私有化往往与市场相互作用，能促进市场条件和制度的发展。私人控股的企业主要通过市场机制来进行人才、资源等要素的流动，在这种高度竞争的市场环境下，产业需要通过产权私有化来提高技术效率，以适应市场发展的需要。

3.3.4　我国文化创意产业竞争的区域差异

　　我国文化创意产业竞争的区域差异非常明显，具体表现为法人单位数量在各省的分布并不均衡，更多呈现出"经济指向性"的发展格局。东部地区的经济发展速度较快，技术相对领先，人才储备、基础设施建设等方面远优于中西部地区，在文化创意产业规模、发展速度以及产业体系等各项指标的发展程度也明显高于中西部地区。

　　2015 年，我国文化创意产业法人单位数排在前四位的省份分别为广东、江苏、浙江、北京，分别为 122397 个、121450 个、112984 个、104870 个，这四个省份法人单位数占总值比例达到了 40.49%。我国文化创意产业的分省法人单位数如图 3 - 9 所示。

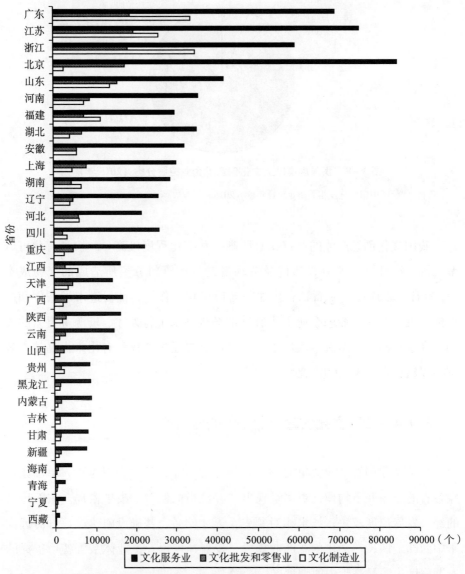

图 3 - 9　我国文化创意产业的分省法人单位数（2015 年）

资料来源:《中国文化及相关产业统计年鉴（2016）》。

可以看出，在 2015 年的我国文化创意产业细分产业法人单位中：文化制造业法人单位数排在前四位的省份为浙江、广东、江苏、山东，分别为35105 个、34025 个、26111 个、14052 个，占文化制造业法人总数的57.05%；文化批发和零售业法人单位数排在前四位的省份为江苏、广东、浙江、北京，分别为 19937 个、19054 个、18400 个、17610 个，占文化批发和零售业法人总数的 42.30%；文化服务业法人单位数排在前四位的省份为北京、江苏、广东、浙江，分别为 84733 个、75402 个、69318 个、59479 个，占文化服务业法人总数的 37.45%。

由此可以发现两点：第一，相对于文化制造业和文化批发与零售业，文化服务业的区域差异更小，但同区域与区域间的竞争都更为激烈；第二，东部省份文化创意产业及细分产业的竞争强度较中西部省份更高。无论是整个文化创意产业还是各文化创意细分产业，法人单位都集中分布在东部地区，特别是广东、江苏、浙江、北京、山东等省份，在中部与西部地区分布较少。

此外，我国的文化创意产业基础设施建设也呈现出自西向东依次递减的格局。截至 2015 年年底，我国的文化创意产业园区数量超过 200 个的省份主要分布在东部地区，分别是山东、江苏、广东和浙江这四个省份，而西部地区则极其匮乏，尤其是在西藏仅有四个园区。

因此，我国在发展文化创意产业时应兼顾东西部地区，避免厚此薄彼。政府应结合各区域的经济、历史、文化等因素，有针对性地倾斜资源配置，加大政策扶持力度。地方政府也应该以本地区域经济发展的基本格局为依托，与本地的特色文化资源及优势产业相结合，形成文化创意产业品牌效应。

3.4 我国文化创意产业的要素回报率

参考我国三次全国经济普查数据和国家统计局报告数据，2004～2015 年我国文化及相关产业的就业人数年均增幅为 8.02%（殷国俊，2016）[150]，比起 2004 年增加了 1.33 倍。由于统计数据不连续，此处只将已有数据与我国文化及相关产业增加值进行比较，计算出个别年份的劳动回报率，来观察整体趋势，如图 3 – 10 所示。

图 3 – 10　我国文化及相关产业劳动回报率

资料来源：2013～2016 年《中国文化及相关产业统计年鉴》。

可以看出，虽然年份不多，但我国文化创意产业的劳动回报率呈现明显的递增趋势，由 2004 年的 3.9393 万元/人，增长到了 2015 年的 13.3439 万元/人。

与我国文化及相关产业的劳动投入呈现出极低的年均增幅相比，我国文化及相关产业固定资产实际到位资金则表现出极高的年均增幅，由 2005 年的 2892.3 亿元增至 2015 年的 28503.4 亿元，年均增幅为 25.71%，在 2005 的基础上增加了 8.86 倍。将其与我国文化及相关产业增加值进行比较，可以看出，我国文化创意产业的资本回报率呈现明显的递减趋势，由 2005 年的 1.4705，趋势持续下降到了 2015 年的 0.9555。具体如图 3 – 11 所示。

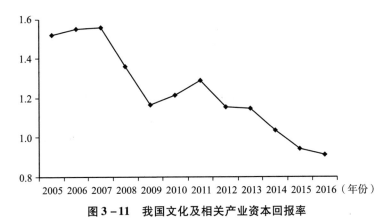

图 3 – 11 我国文化及相关产业资本回报率

资料来源：2013～2017 年《中国文化及相关产业统计年鉴》。

将我国文化创意产业的劳动投入与资本投入相比，劳动投入增速慢，增加量低，在 2004～2015 年的 12 年里，劳动投入数量只在初期的基础上增加了 134%；而资本投入增速快，增加量高，在 2005～2015 年的 11 年里，资本投入数量在初期的基础上增加了 874%。再将我国文化创意产业的劳动回报率与资本回报率进行比较，我国文化创意产业的单位劳动回报率逐年增加，平均每人生产的文化创意产值迅速增加，但单位资本回报率却迅速下降，说明随着我国文化创意产业规模的迅速扩大，原有的创意人才已经不足以维持每年的资本回报率水平，出现了产业规模与要素规模不能协同发展的问题。这就引申出了本研究关注的重点问题，即我国文化创意产业技术效率的演进趋势问题。

3.5 本 章 小 结

本章从我国文化创意产业的市场化改革历程、发展特征、市场化特征与要素回报率等四个角度对我国文化创意产业的发展态势进行了系统深入的分析。

从文化创意产业的市场化改革历程来看，我国文化创意产业发展的历史特征具有明显的阶段性，这种阶段性和经济体制改革密切相关，随市场化的改革进程划分发展阶段。本研究以文化体制改革试点的大面积推广为分界点，讨论 2007 ~ 2015 年我国的文化创意产业发展与技术效率演进。

从文化创意产业的发展特征来看，我国文化创意产业实现了快速发展，文化创意产业对整体经济贡献不断提升。2015 年，我国文化及相关产业 GDP 占总值比例为 3. 97%，2005 ~ 2015 年 11 年间年均增速达到 5. 73%。在这样的增速下，我国文化创意产业实现了内资拉动，内资企业比例占到总数的 80% 以上；相关专利迅速增加；同时，文化创意产业出口势头强劲，创意产品出口额度在联合国贸发会议统计的 56 个国家中持续保持在第一的位置，出口额度将近统计内世界出口总额的 1/3。

从文化创意产业的市场化特征来看，文化创意产业的私有化程度极高；竞争强度与日俱增，但具有明显的地域差异，东部省份文化创意相关产业的竞争强度较中西部省份更高；而文化创意产业政府规制的总效力和平均效力均呈稳定上升趋势，表明我国的文化创意产业政策总体实施目标明确，实施内容具体，实施措施符合现实。

从文化创意产业的要素投入与要素回报来看，我国文化创意产业的劳动投入增速慢，增加量低；资本投入增速快，增加率高。与之相对，劳动回报率迅速上升，但资本回报率迅速下降，说明我国文化创意产业的规模扩大没有得到足够的要素支撑，我国文化创意产业的技术效率趋势需要被重点关注。

第 4 章

我国文化创意产业技术
效率及演进的机理分析

产业的市场化改革过程是企业产权多元化，产业放松管制，市场竞争加剧的过程。在此过程中，一个产业的发展会受到多种因素的影响，但在产业发展的不同生命周期阶段，各种因素的影响作用不同、强度不同，综合推动产业的动态和空间演进过程。在文化创意产业的市场化改革过程中，市场主体日趋多元化、市场竞争激烈、产权逐步明晰、企业单位比例与私有化比例迅速上升，但资本回报率逐年递减，技术效率呈现下行趋势。因此，本部分在市场化改革的背景条件下，将我国文化创意产业技术效率的决定、动态演进以及空间演进纳入统一的分析框架，分析我国文化创意产业技术效率及演进的机理。

4.1 文化创意产业技术效率的决定机理

4.1.1 技术效率决定的第一层——效率点的位置

在文化创意产业的产品生产过程中，除劳动投入和资本投入外，必然也存在其他的影响因素，例如，技术水平、市场化程度、经济水平及空间因素等。由此所构成的生产函数为：

$$Y = f(L, K, \cdots) \qquad (4-1)$$

据此，我们将文化创意产业的技术效率定义为投入要素与产出之间的某种对应关系。假设文化创意产业技术效率的决定模型只有一种产出，即文化创意产出；有两种要素投入：文化创意劳动（L）与资本（K）。文化创意产业技术效率函数为：

$$eff = g(L, K, Y) \qquad (4-2)$$

设定一个描述文化创意产业技术效率的坐标系，该坐标系内的每一个（L_i，K_i）的要素组合点均生产 1 单位文化创意产品的产出。该坐标系内的每一个点都可以看成一个技术效率点，其技术效率值表现为产出量和投入要素间的某种相对关系。如图 4-1 所示。

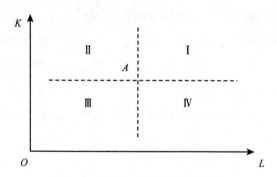

图 4-1　技术效率前沿线分解示意

将实证研究中获取的每年各省份文化创意产业的要素组合相对数据放入该坐标系，我们就得到了对应的一组技术效率点。每个点都代表在一定的市场化水平、制度水平和技术水平条件下，每生产 1 单位文化创意产品的产出，所对应的不同文化创意劳动和资本的投入组合点。

在这些点任取一个技术效率点 A，以其为中心将坐标系划分为四个象限。第 Ⅲ 象限的技术效率比 A 点更高，因为第 Ⅲ 象限生产 1 单位文化创意产品的产出需要更少的要素投入组合；第 Ⅰ 象限的技术效率比 A 点更低，因为第 Ⅰ

象限生产 1 单位文化创意产品的产出需要更多的要素投入组合；而第 Ⅱ 象限和第 Ⅳ 象限的技术效率与 A 点无法比较，因为在生产 1 单位文化创意产品的产出时，第 Ⅱ 象限比 A 点使用了更多的资本和更少的文化创意劳动，第 Ⅳ 象限则比 A 点使用了更多的文化创意劳动和更少的资本。因此，假设现实中求解出的每年各省份的文化创意产业的技术效率点均没有落入以 A 点为中心的第 Ⅲ 象限，则可以认为 A 点比在第 Ⅰ 象限内的任何其他技术效率点都更靠近技术效率前沿线。将坐标系内具有此特征的点全部保留并进行包络化处理，就形成了一条向右下方倾斜的技术效率前沿线。

又因为文化创意劳动（L）与资本（K）在产品生产过程中均满足边际技术替代率递减的基本假定，因此，文化创意产业的技术效率前沿线必然凸向原点，如图 4 - 2 上 QQ' 所示。

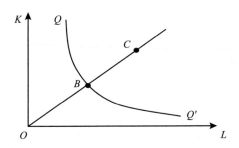

图 4 - 2 文化创意产业的技术效率示意

我们将由此生成的技术效率前沿线 QQ' 定义为单位产出情况下最小的要素投入组合，并将文化创意产业的技术效率前沿线条件写作：

$$\text{s. t.} \left\{ \frac{(L, K)}{K} = \min\left\{ \frac{Kt}{(L, Kt)} \right\}, L > 0 \right\} \tag{4-3}$$

在技术效率前沿线 QQ' 的左下方，该区域的劳动与资本要素组合无法完成生产；在 QQ' 线的右上方，该区域需要更多劳动或更多资本才能完成生产。由于文化创意产业技术效率前沿线 QQ' 左下方区域均无法完成 1 单位的文化创意产品产出，即该区域中实证研究的技术效率点并不存在，我们的研究区域是图 4 - 2 中技术效率前沿线 QQ' 本身和其右上方的空白部分。

以图 4 - 2 中的 C 点为例。在只考虑 C 点时，C 点代表了单位产出下的某种要素投入组合（L_C，K_C）；同时，C 点所在的时点、空间点、技术水平、市场化程度、经济水平均作为外生变量。此时，将该要素投入组合（L_C，K_C）同 OC 连线与技术效率前沿面交点 B 的要素投入组合（L_B，K_B）相比较，即可得出 C 点的技术效率值。

可以看出，C 点越接近技术效率前沿线，该点所代表的技术效率值就越趋于 1；C 点越远离技术效率前沿线，该点所代表的技术效率值就越趋于 0。若技术效率（OB/OC）等于 1，称之为具有完全技术效率（如 B 点）；若（OB/OC）大于 0 小于 1，则用具体数值来衡量技术效率的大小。需要注意的是，技术效率前沿线生成过程中的基础数据来源于实证研究中的所有数据，代表了研究时段内的效率前沿。因此，研究时段内的研究变量变动不再影响技术效率前沿线的位置。

在现实分析中，各省份及各区域的投入要素组合不同，产出也不同，对文化创意效率的具体衡量需要引入某种合适的生产函数，通常引入柯布—道格拉斯生产函数或超越对数下的生产函数。根据要素投入组合和单位产出的设定，可以求出不同时点不同省份下文化创意产业的技术效率。但文化创意产业的技术效率如何变动呢？换言之，当文化创意产业技术进步时，技术效率点产生了怎样的位移呢？

4.1.2　技术效率决定的第二层——效率点的变动

我国的文化创意产业在发展初期以文化事业的形式出现，负责提供面向全国的文化产品与服务，市场类型属于自然垄断。文化创意产业的技术进步起源于改革开放带来的市场化改革，1978 年改革开放提出的"双轨制"和 2002 年面向全体文化事业单位的转企改制等两项政府规制措施引入了竞争机制，改变了产业组织形式，有效地提高了市场中人（或企业）的主观能动性，增加了文化创意产业中产品与服务的创意创新数量与质量。我们采用斯塔克伯格模型来还原文化创意产业的历史演变进程，并结合技术效率前沿分析说明市场化改革对文化创意产业技术效率的影响。

1. 斯塔克伯格模型下的文化创意产业进入机制。

首先，假设在开始阶段，只存在一个文化创意类企业，所有的文化产品和服务均由该企业提供，将其定义为企业 1，这是一个完全垄断市场。当国家将垄断市场放开后，新的文化创意类企业可以选择进入该市场，并获取利润，将其定义为企业 2。文化创意市场的博弈在企业 1 和企业 2 之间展开。

具体假设条件如下：

（1）有两个文化创意企业 1、企业 2，其中企业 1 是产量领导者，产量为 y_1；企业 2 是产量跟随者，产量根据企业 1 的选择而选择产量为 y_2。市场价格是总产量的函数，即 $p = f(y_1 + y_2)$，则反需求函数可以写作 $p = a - bf(y_1 + y_2)$。

（2）企业 1 在整个市场中处于支配地位，企业 2 会在企业 1 的产量确定后决定自己的产量。对于企业 2 而言，企业 1 的产量是常量。

（3）企业 1 也知道企业 2 根据自己的产量确定企业 2 的产量，因此企业 1 在选择产量时也会考虑到对企业 2 的影响，信息完全透明。

（4）企业 2 进入文化创意市场需要一定量的投资，即一定量的进入成本。我们将进入成本 F 引入模型。

在进入成本存在的条件下，企业 2 进入市场内后的利润函数为：

$$\pi_2 = ay_2 - by_1y_2 - by_2^2 - F \tag{4-4}$$

企业 1 通过制定产量 y_1，使企业 2 的最大利润满足 $\max\pi_2 = 0$，这样企业 2 就会因为进入市场无利可图而选择不进入，因此，阻止企业 2 进入的产量水平决定式为：

$$\max(ay_2 - by_1y_2 - by_2^2 - F) = 0 \tag{4-5}$$

企业 2 取得最大利润的条件为：

$$\frac{\partial \pi_2}{\partial y_2} = a - by_1 - 2by_2 = 0 \tag{4-6}$$

因此，当 $y_2 = \dfrac{1}{2b}(a - by_1)$ 时，企业 2 的利润最大，其最大利润为：

$$\pi_2 = ay_2 - by_1y_2 - by_2^2 - F = \frac{1}{4}y_1^2 - \frac{a}{2}y_1 + \frac{a^2}{4b} - F \qquad (4-7)$$

企业 1 选择自己的产量 y_1，使企业 2 的利润小于或等于 0。若：

$$\pi_2 = ay_2 - by_1y_2 - by_2^2 - F = \frac{1}{4}y_1^2 - \frac{a}{2}y_1 + \frac{a^2}{4b} - F \leqslant 0 \qquad (4-8)$$

则有：

$$\min_{y_1}\left(\frac{1}{4}y_1^2 - \frac{a}{2}y_1 + \frac{a^2}{4b} - F\right) \leqslant 0 \qquad (4-9)$$

当 $y_1 = a$ 时，公式（4-9）有最小值

$$\min_{y_1}\left(\frac{1}{4}y_1^2 - \frac{a}{2}y_1 + \frac{a^2}{4b} - F\right) = \frac{a^2}{4b}(1-b) - F \qquad (4-10)$$

因此，当满足 $\frac{a^2}{4b}(1-b) \leqslant F$ 时，企业 2 的利润 $\pi_2 < 0$。

下面对进入成本 F 的取值范围进行讨论：

- $F > \frac{a^2}{4b}(1-b)$ 时，当 y_1 取值范围为 $\left(a - \sqrt{\left(1-\frac{1}{b}\right)a^2 + 4F},\ a + \sqrt{\left(1-\frac{1}{b}\right)a^2 + 4F}\right)$ 时，$\pi_2 < 0$；当 y_1 取其他值时，$\pi_2 > 0$。

- $F = \frac{a^2}{4b}(1-b)$ 时，当 $y_1 = a$ 时，$\pi_2 = 0$；当 y_1 取其他值时，$\pi_2 > 0$。

- $F < \frac{a^2}{4b}(1-b)$ 时，$\pi_2 > 0$。此时无论企业 1 怎样调整自己的产量，均无法阻止企业 2 进入市场。

我国文化创意产业的发展初期，文化创意企业"轻资产"的特性导致新企业进入市场的成本 F 很低。因此，在市场化改革放松规制、引入竞争机制后，新的文化创意类企业开始进入市场，数量快速提升，并逐渐成为文化创意产业的市场主体。而我国文化创意产业发展至今，产业发展已逐渐成熟，然而对于知识产权的保护不足仍导致了新企业进入市场时只需要考虑有形成本，而无形的创意创新成本可以通过简单模仿快速消除，企业进入市场的成本 F 仍然偏低，新企业模仿盛行而创新不足，同质化竞争导致了文化创意产

业技术效率的下行趋势。

2. 文化创意产业的技术进步与技术效率变动。

文化创意产业的技术进步可以按其有偏性，分为中性技术进步、劳动有偏的技术进步和资本有偏的技术进步三种。中性技术进步中，劳动/资本的要素比例不变，生产过程中不会出现劳动替代资本（或相反）的情况，只表现为生产原有的产量需要更少的劳动和更少的资本。单位产出固定不变的情况下，技术效率的提高如图 4-3 上 C 点的箭头趋势所示。

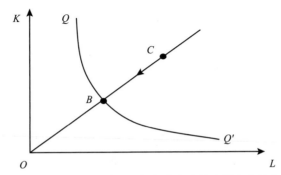

图 4-3　中性技术进步条件下文化创意产业技术效率点的变动示意

但现实中的技术进步往往不是中性的，而是劳动有偏或资本有偏的技术进步。以我国文化创意产业的发展路径结合要素回报率，可以看出，在我国文化创意产业的发展早期，劳动力资源非常丰富。新进入市场的文化创意类企业不需要投入太多资本，企业首先争夺文化创意要素市场上的劳动资源，这引发了劳动有偏的技术进步，文化创意产业的技术效率开始提高。此时的文化创意产业以劳动密集型生产为主，主要依靠低劳动成本的劳动力，生产出的产品更多的是低级的文化产品，发展的是低端的文化产业。随着文化创意产业的市场规模逐渐扩大，文化创意产业的劳动要素市场逐渐饱和，市场内的文化创意企业和新进入市场的文化创意企业开始依靠资本扩大规模，这又引发了资本有偏的技术进步，文化创意产业的技术效率进一步提高。文化创意产业开始依靠创意创新，生产出的文化产品附加值更高，发展出高端的文化产业。在此期间，文化创意市场从最初的完全垄断市场逐渐转向垄断竞争市场，文化创意类企业自身的发展要求带来了劳动有偏的技术进步和资本有偏的技术进步，文化产品与服务因创意创新而实现的超额利润均带来了文化创意产业技术效率的提高。

随着文化创意产品市场需求的进一步扩大，文化创意产业需要生产更多的文化创意产品，也需要更大的产业规模。结合我国现实情况，文化创意劳动市场逐渐饱和，创意人才需要教育培训，供给存在一定的时滞，难以实现规模化的增加；而资本投入可以迅速增加，此时可以将文化创意企业的产量简单看作企业投入资本的函数，则存在函数关系 $Y = f(K)$，其反函数 $K = f^{-1}(Y)$ 代表文化创意企业的产量取决于企业的资本存量。当文化创意产业的市场规模逐渐扩大，文化创意产品市场的进入成本 F 也逐渐增大，新企业进入市场变得困难。与产业发展初期相比，快速增长的产业规模生产了更多的文化创意类产品与服务，总体使用了与初期相差不多的文化创意劳动要素和与初期相比大量增加的资本要素；而从单位产品生产的角度来看，由于产品总量迅速增加，每单位文化产品在生产时势必要减少一定的劳动投入，为了维持生产需要更多的资本量进行补偿。在此过程中，文化创意产业技术效率出现了下降的趋势。

我们将文化创意产业技术效率的变化过程按照上文逻辑进行表述，用图 4-4 描述文化创意产业技术效率的变动趋势，用图 4-5 描述文化创意产业技术效率变动时，文化创意产业产出的变动情况。为便于思考，将经济状况设定为理想化的状态。

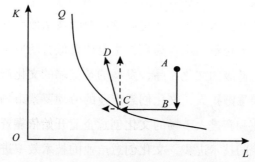

图 4-4　文化创意产业技术效率的有偏技术进步变动

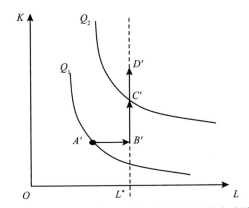

图 4 - 5　文化创意产业产出的有偏技术进步变动情况

　　我们将文化创意产业发展初期，单位产品生产的要素投入组合点设定为 A，总体产品生产的要素组合点设定为 A'。图 4 - 4 中的（L_A，K_A）代表了文化创意产业发展初期生产单位产出所需要的劳动资本要素组合；图 4 - 5 中的（$L_{A'}$，$K_{A'}$）代表在文化创意产业发展初期的要素组合总量条件下可生产的产出。

　　文化创意产业发展初期，技术进步来自劳动有偏的技术进步。相对于最初的要素投入组合，生产时投入了更多的劳动量，图 4 - 5 中的 $L_{A'}$ 增加，A' 点向右方移动至 B' 点；劳动生产相对于资本生产效率更高，生产单位产出所需要的资本投入更少，图 4 - 4 中的 K_A 减少，A 点向下方移动至 B 点。

　　结合我国文化创意劳动市场趋于充分就业的饱和状态，我们将劳动力总量设定为一个常数 L^*。此时，技术进步从劳动有偏的技术进步转向资本有偏的技术进步，相对于 B' 点的要素投入组合，生产时投入了更多的资本量，图 4 - 5 中的 K_B 增加，B' 点向上方移动至 C' 点；资本生产相对于劳动生产效率更高，生产单位产出所需要的劳动投入更少，图 4 - 4 中的 K_B 减少，B 点向左方移动至 C 点。

　　在文化创意劳动投入为常数的情况下，资本有偏的技术进步必将在某个时期达到一种阶段性的最优情况，此时文化创意产业的技术效率最高。我们在图形中进行简化处理，设定当图 4 - 4 中的要素投入组合为（L_C，K_C）时，实现了技术效率的最优情况，即 C 点位于技术效率前沿线 Q 上；与之对应的，图 4-5 中的生产前沿线也从 Q_1 变动到了 Q_2。

图 4-4 中的要素投入组合从（L_A，K_A）变动到（L_B，K_B），对应着文化创意产业的劳动有偏性技术进步；而要素投入组合从（L_B，K_B）变动到（L_C，K_C），对应着文化创意产业的资本有偏性技术进步。

在此基础上，文化创意产业为满足市场需求，仍需要继续生产更多的文化创意产品。但劳动投入已经实现了完全的劳动投入，只能通过增加资本投入进一步增加产出。在图 4-5 中表现为 C' 点进一步上移至 D' 点；而在图 4-4 中则表现为单位生产中劳动投入的进一步减少，此时要维持单位产出，需要更多的资本投入进行补偿，在图 4-4 中将其描述为从 C 点到 D 点的过程。在此过程中，文化创意产业的总产出继续增加，但用单位产出表示的文化创意产业技术效率开始下降。由此，提出假设 1：

假设 1：我国的文化创意产业在不断发展壮大的过程中，各省区文化创意产业的技术效率呈下降趋势。

3. 市场化改革因素对文化创意产业技术效率的影响。

在本研究的研究时段里，文化创意产业的劳动投入量增加缓慢，资本投入量的大小最终影响着文化创意产业的技术效率。而资本投入是否有效取决于人（或企业）主观能动性所带来的创意创新数量与质量，因此，提高主观能动性的影响因素分析变得至关重要。本研究选取市场化改革为提高人（或企业）主观能动性的主要影响因素，并将市场化改革对文化创意产业技术效率的影响分为规制、竞争和产权三个主要领域进行解读（肖兴志，2013）[151]；将控制变量设定为经济、集聚度和技术等环境因素对市场化改革因素进行外部约束。然后参考规制、竞争和产权理论的主要观点，分析三者对文化创意产业技术效率的具体影响并提出假设。

（1）市场化改革对文化创意产业技术效率的理论影响。

当政府规制逐渐放松，我国的文化创意企业数量迅速增加，市场竞争强度逐渐增大，文化创意市场由自然垄断转向不完全竞争。正如莫洛奇（Molotch，1996，2002）对文化创意产业市场性质的评析所述："由于其产品被赋予真实特征的地方文化符号，从而获得了特定的竞争优势[152,153]"。为了分析放松规制对文化创意产业技术效率的影响，我们利用古诺模型，即市场中的每个企业均在其他企业产量既定的条件下按照利润最大化原则选择自己的产出水平。如图 4-6 所示。

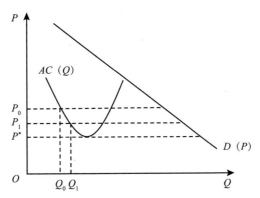

图 4-6 放松规制对技术效率和社会福利的影响

在图 4-6 中，假定古诺均衡中存在 N 个文化创意类企业，每个企业的产量均为 Q_0，从而导致的市场价格为 P_0。在古诺均衡处，企业均获得正的利润，企业限制产出以保持价格高于成本，且在价格 P_0 处的市场总需求为 N 倍的 Q_0。

考虑放松价格规制对文化创意产业技术效率的影响。当文化创意产品价格 P_0 远高于竞争均衡价格 P^* 时，使价格趋近于竞争水平会导致社会福利增加。政府将文化创意产品价格规定为 P_1 时，对应的企业产量均为 Q_1，虽然价格规制带来了更多的文化创意产品与服务，但是也限制了文化创意产业技术效率的提升。当价格规制逐渐放松，企业可以根据自身要求对产品或服务进行定价，文化创意产业技术效率就会随之上升。

考虑放松进入规制对文化创意产业技术效率的影响。在不完全竞争市场中，企业规模较大，以至于新企业的进入和随之而来的产出变化会对市场价格产生影响。当同质化的新企业进入市场后，市场价格下降，每个企业的产量增加，产业总利润和技术效率必然因为价格下降而降低。但这种技术效率的下降对社会福利的影响则是不确定的，因为新企业进入导致价格下跌，消费者剩余提高而产业利润下滑。如果产业利润的下降超过消费者剩余的提高，则社会福利也会下降。当且仅当新进入企业的利润加上消费者剩余的变化再加上原有企业利润的变化为正时，新企业的进入才会导致社会福利的提高。当进入规制逐渐放松，同质化企业的过度进入会导致产业技术效率的迅速下降；但当企业可以提供差异化产品并且消费者可以充分评估多样性的产品时，放松进入规制反而可能带来企业数量下降、企业活力增加的结果（Perry，1984；Mankiw，1986）[154,155]，产业技术效率也会随之上升。

（2）规制对文化创意产业技术效率的现实影响。

从我国产业发展的角度进行观察，成熟型产业（如电力产业；传媒产业）对规制机构要求不高，适当的政府规制有利于培育效率与公平兼顾的市场环境，例如，2006年中国传媒产业在政府规制下的发展导致了传媒产业效率的提升（朱春阳，2007）[156]；1997年开始的电力管制改革促进了电力企业技术效率的提高（徐云鹏，2012）[157]。但处于成长期的产业（如：文化创意产业）往往出现新的变化，需要规制机构的紧密配合，使产业通过规制获取更多的企业自主权，因此规制改革路径大体可以分为两种：一种是放松规制，另一种是针对具体产业的要求，实施对应的激励性规制，刺激被规制企业提高技术效率。

放松规制主要指放松经济性规制，而非放松社会性规制，因为社会性规制涉及人们的健康、安全和对环境的影响，放松必须谨慎行事（植草益，1992）[49]。在文化创意产业中，受规制的产业部门客观上受到政府规制的保护，可以通过政府资助或补贴稳定的获得收益，必将导致一部分文化创意类企业漠视消费者需求，产品与服务单一化、同质化，生产成本上升，技术效率下降。陈代云（2000）将类似的规制效果概括为："这是世界上唯一能通过重新装修办公室而增加利润的行业。[158]" 在其他成长期的产业规制研究中，黄飞和唐建新（1998）指出现代技术创新使基础设施产业走出垄断，适当放松规制可以引入竞争机制，有利于基础设施产业效率的提升[159]；张晔

（2009）也以信产部的手机"牌照制度"为案例，利用进入管制模型说明，在新型战略性产业的发展初期，进入管制可以为先驱企业提供某种"专利"租金的机会，有助于提高产量，降低产品价格，增加社会总福利；但从长期看，进入管制会激发企业的短视行为从而降低所在产业的效率[160]。因此，在规制失灵的前提下，对于经济性规制需要有选择地进行放松。

激励性规制是文化创意产业与社会的一种契约制度。规制当局通过与文化创意企业签订合同，商定一系列与产品价格和成本有关的指标，并根据合同的实施情况，对该文化创意企业采取相应的奖惩措施。激励性规制的目的主要包括两点：一是鼓励企业在既定生产条件下降低成本；二是引导企业达到政府临时的或新增的规制目标。植草益（1992）以美国亚利桑那州提高电力企业设备运转效率的规制路径为例，讲解了激励性规制的具体实施途径。当电力企业设备运转率达到 60%～75% 时，电力规制机构不予奖励或处罚；当设备运转率达到 75%～85% 时，电力规制机构将节约的燃料费的 50% 奖励给企业；当设备运转率超过 85% 时，电力规制机构将节约的燃料费 100% 奖励给企业；但是，如果设备运转率只有 50%～60% 时，电力规制机构将要求企业负担增加的燃料费的 50%；设备运转率只有 35%～50% 时，电力规制机构将要求企业负担增加的燃料费的 100%；设备运转率不足 35% 时，规制机构将在下一合同期重新考虑运转率这一基数[49]。安德列斯、瓜施和阿祖门迪（Andres，Guasch & Azumendi，2008）在对该种电力合同制度的研究中指出，这样的政府激励性规制有利于规范电力产业的市场秩序，为市场主体提供有力的市场环境，对提升产业效率具有显著作用[161]。但是，贝宁和本斯顿（Benink & Benston，2010）面对欧洲发达国家银行业的研究也指出，如果规制结构并不合理，银行业就不能及时有效的应对风险，该产业的盈利性也因此受到显著冲击[162]。库宾和斯登（Cubbin & Stern，2006）将其概括为：激励性规制是否可以针对具体产业调整决定了规制是否有效。职责清晰、具有较强独立性的规制机构有利于产业效率的提高；而当规制机构职责不够清晰、独立性差时，必然对产业效率产生负面影响[163]。

研究指出，规制的主要目的是规范市场秩序，培育市场环境，诸如文化创意产业这类处于成长期的产业对规制的要求更高，需要规制部门随产业变化快速改变对应的规制手段，促进技术进步或管理进步，更有效的降低市场风险。规制对文化创意产业的激励性越强，对技术效率的正向影响越大；规制机构职责的清晰度和独立性越高，对技术效率的正向影响越大。反之，规制对文化创意产业的激励性越弱，规制机构职责的清晰度和独立性越低，对技术效率的负向影响越大。我国的规制机构职责清晰度较发达国家仍显不足，激励性规制较少，普适性规制较多。因此，放松普适性规制中的经济性规制成为提高文化创意产业技术效率的方法之一。需要注意的是，作为社会性规制的普适性规制手段是市场必备的，盲目放松必然导致市场无法可依和技术效率下降。由此，提出假设2：

假设2：放松普适性规制对文化创意产业技术效率的提升具有显著的推动作用，但规制程度存在极值，即倒 U 形规制曲线的最高点为最优值。

（3）竞争对文化创意产业技术效率的现实影响。

在垄断竞争市场里，作为垄断竞争厂商的文化创意类企业在短期内既定的生产规模下通过对产量和价格的调整，可以实现边际收益等于短期边际成本的均衡条件。此时垄断竞争厂商可以获得最大的短期利润（或最小的短期亏损）。微观经济理论指出，当垄断竞争市场进入长期，同质性竞争厂商的自由进入或自由退出必将使垄断竞争厂商的长期均衡利润为零。但在将异质性竞争厂商引入垄断竞争市场的实证研究中，学界普遍认为异质性竞争为带来创新和超额利润，对产业效率存在正向影响。张帆和刘新梅（2004）通过对网络性基础设施产业的研究指出，引入竞争机制可以打破垄断性从而形成有限竞争的市场结构，从而促进产业效率提高[164]。黄文倩（2008）指出在欧盟15国银行业 DEA 效率的影响因素中，市场竞争程度是解释各国银行业不同阶段效率差异的重要因素，且竞争程度越大，银行业效率越高[165]。康飞（2012）通过构建固定效应模型和面板 Tobit 回归模型，指出市场集中度与移动交换机利用率和基站利用率关系刚好相反，市场集中度越低，竞争程度越高，国有电信业效率越高[166]。朱依曦和胡汉辉（2015）用 SBM – DEA 模型和面板 Tobit 两阶段分析方法指出市场自然垄断和行政垄断阻碍有线电视产业经济效率的提高,而激烈的替代竞争和价格有利于有线电视产业经济效率的提高[167]。

研究指出,在基础设施产业、银行业、电信业、有线电视业中,具有异质性的(产品之间仍存在一定的可替代性)竞争机制对产业效率起到了正向作用。文化创意产业的发展与这些产业具有相同的逻辑,引入竞争机制可能导致垄断竞争市场中的每家文化创意类企业均需要积极地投入研发、改良生产和管理流程,以创意创新获取尽可能多的异质性竞争优势,创造超额利润,从而提高文化创意产业的技术效率。当垄断竞争市场中企业间的异质性竞争强于同质性竞争时,会导致竞争强度与文化创意产业的技术效率同向变动;市场的异质性竞争相对弱于同质性竞争时,会导致竞争强度与文化创意产业的技术效率反向变动。由此,提出假设 3:

假设 3:异质性竞争(或称为创新性竞争)对文化创意产业技术效率的提升具有显著的推动作用,但竞争程度也存在极值,即倒 U 形竞争曲线的最高点为最优值。

(4)产权对文化创意产业技术效率的现实影响。

产权分析方法中的效率概念最早来源于埃里希(De Alessi,1980),他认为对于任何人而言,当这个人根据给定的预算约束最大化其效用水平,此人的产权配置就是有效的[168]。但如果效率仅仅被理解为有约束的最大化,则经济中的任何情况均可以被理解为"某种约束条件下的"效率最大化。因此,学界将约束区分为"可避免的"和"不可避免的"两种类型,并努力去调整"可避免的"约束条件,对于不同产权的讨论也就随之产生(弗鲁博顿,2012)[169]。

在关于不同产权对产业效率影响的研究中,学界一般认为所有制结构是产业效率中"可避免的"的约束条件,通过调整企业的所有制结构会显著影响产业的技术效率。经营性事业单位的技术效率往往不如纯企业单位的技术效率,国有产权比重高的企业(或国有企业)的产业效率水平普遍不如私有产权比例高的企业(或私有企业),且外资、民资的引入会使企业行业市场绩效显著提升,即经营目标的统一化会有效提高企业的技术效率。在我国的研究中，蒋林杰（2009）对我国汽车行业产权结构与市场绩效的关系分析指出了外资、民资在行业市场绩效提升中的正向作用[170]；姚伟峰、邱间旻和杨武（2008）运用 SFA 分析方法指出国有控股对管理层和员工的激励和监管不足，这种不足会引起对委托人利益的侵害，进而阻碍企业实际产出和技术效率的提升[171]；王国顺、张涵和邓路（2010）对高技术产业三位码行业的产业分析中也指出提升产权中私有产权特别是外资产权的比例有助于提升该行业整体的技术创新效率[172]。邓伟根、林在进和陈和（2013）综合运用随机前沿分析和 DEA 分析方法对我国 1563 家上市企业进行分析指出，国有控股企业的技术效率显著低于非国有控股公司，因而企业单位比例提高和产权私有化等手段更有利于技术效率的提高[173]。常露露（2016）运用 DEA 分析法指出，不同产权结构的金融机构的效率存在显著的差异，其中国有产权比重极高的国有大型商业银行效率低于私有产权比重较高的股份制银行，进而得出私有产权更有利于金融业效率提高的结论[174]。

国内已有的实证研究指出，在汽车产业、高技术产业、金融业中，企业单位比例的提高均有效提高了企业效率。文化创意产业与这些产业也存在同样的产业发展逻辑，文化创意产业体制改革中对经营性事业单位转为企业的改革推进了对文化创意类企业员工乃至管理层的激励和监管。这首先推进了劳动偏向的技术进步，而对人的有效激励必然进一步影响至研发部门，进而推动资本偏向的技术进步，从而改善文化创意产业的技术效率。由此，提出假设 4：

假设 4：企业单位比例的提高对文化创意产业效率的提升具有显著的推动作用。

（5）规制、竞争、产权的交叉项对文化创意产业技术效率的现实影响。

规制、竞争和产权并非完全独立的关系。当规制与竞争同向改变、规制与产权同向改变、竞争与产权同向改变时，文化创意产业的技术效率很可能也会产生变动。由于并没有文献对市场化影响的交叉项问题展开讨论，本研究只能从假设 2 ~ 假设 4 展开推论，考虑到放松管制，提高竞争水平和企业单位比例提高对文化创意产业效率的正向影响，提出假设 5：

假设 5：规制、竞争、产权两两间的共同作用对文化创意产业的技术效率存在显著影响。

综上所述，我们可以清晰地将文化创意产业技术效率的状态与变动机理分为紧密相关的两个层次：第一层是效率点的位置，决定因素是劳动、资本和产出，共同构成了外围既定条件下文化创意产业技术效率的衡量条件，我们可以根据劳动、资本和产出度量出某时某地文化创意产业技术效率的状态。第二层是效率点的变动，文化创意产业的市场化改革带来了文化创意产品市场性质的变化，产生了劳动偏向、资本偏向的技术进步和劳动、资本在生产中的要素替代关系，继而影响了文化创意产业的技术效率。规制、竞争和产权等市场化改革措施，共同构成了控制变量既定条件下文化创意产业技术效率的变动条件，我们可以依靠规制、竞争和产权的独立变动，有效的改变某时某地文化创意产业技术效率的位置。第一层、第二层及控制变量共同构成了一个静态和比较静态下的文化创意产业技术效率系统。

4.2　文化创意产业技术效率的演进机理

相对于静态和比较静态下的文化创意产业技术效率系统，我们可以进一步设定第三层内容——演进分析，在不同时点上或不同空间点上对文化创意产业技术效率系统进行比较。这种比较分别来源于以时间为标志的动态演进和以区域为标志的空间演进，我们分别借鉴贝斯的新技术扩散模型和保罗·克鲁格曼的分岔点模型进行分析说明。

4.2.1　技术效率演进的第一层——动态演进分析

要具体讨论我国文化创意产业技术效率的动态演进趋势，需要基于文化创意产品自身的创意创新特性，将文化创意类企业分为两种：第一种文化创意企业生产创意创新性不强，易于模仿复制的低端文化创意产品；第二种文化创意企业生产创意创新性较强，产品生产需要一定的技术水平，不易模仿复制的高端文化创意产品。结合文化创意产业分类对创意创新性和模仿复制程度的客观要求，我们在这里借鉴了贝斯（1969）基于曼斯菲尔德技术扩散模型的新技术扩散模型——贝斯模型[48]，用以分析文化创意产业技术效率的动态演进过程。创新扩散函数设定为：

$$\frac{\mathrm{d}N(t)}{\mathrm{d}t} = \left[a + b\frac{N(t)}{M} \right] \left[M - N(t) \right] \qquad (4-11)$$

在文化创意产业中，$N(t)$ 表示 t 时刻生产新文化创意产品的累积企业；M 表示市场中潜在采用该创意的企业总量；a 表示文化创意产品的创意创新特性；b 表示文化创意产品的模仿复制特性。当文化创意产品 a 较大 b 较小时，该创意在市场中的扩散通过大量的技术研发和少量的企业间模仿完成；当文化创意产品 a 较小 b 较大时，该创意在市场中的扩散通过少量的技术研发和大量的企业间模仿完成。因此，文化创意产品新创意的扩散路径可以根据 a 和 b 的相对大小，描绘为图 4-7 中的曲线。

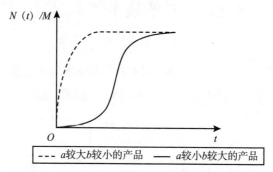

图 4-7 贝斯模型中新创意扩散的两种典型路径

1. 新创意扩散两种典型路径的理论解释。

为解释新创意扩散的两种典型路径，我们将新创意扩散的方式分为技术研发和企业间模仿两种关系，分别探讨只依靠技术研发的新创意扩散路径和只依靠企业间模仿的新创意扩散路径，再将两种路径进行混合分析。

（1）只依靠技术研发的新创意扩散路径。

假设一项新创意有 N 个潜在采用的文化创意企业，每一个企业在获取相关创意信息时都会采纳该创意。在时间 t，$y(t)$ 个企业已采纳，$\{N-y(t)\}$ 个企业未采纳。进一步假设，该新创意扩散的能力在每一时段到达潜在采用群体的 $\alpha \times 100\%$，α 被称作创新系数或技术研发系数。若 $\alpha = 1$，则新创意在第一时段可扩散至所有潜在采用该创意的企业，传播与市场扩散瞬时完成；若 $\alpha < 1$，新创意的扩散逐期发生。将时段的时间间隔设定为 Δt，则新创意使用量的增加为 $\Delta y(t) = \alpha \{N-y(t)\} \Delta t$，对 Δt 取极限使之趋于0，则新创意被潜在采用企业采用的时间路径为：

$$y(t) = N\{1 - \exp[-\alpha t]\} \qquad (4-12)$$

从公式（4-12）可以看出，α 的值越小，创意扩散就越缓慢。新创意的扩散只来自创意自身的技术研发过程，不考虑来自已采纳新创意的企业对未采纳新创意企业的影响。

（2）只依靠企业间模仿的新创意扩散路径。

假设一项新创意有 N 个潜在采用的文化创意企业，每一个企业在获取相关创意信息时都会采纳该创意。在时间 t，$y(t)$ 个企业已采纳，$\{N-y(t)\}$ 个企业未采纳。进一步假设，每个使用新创意的企业与一个未使用新创意的企业独立联系的概率为 β，若已使用新创意的企业数量为 $y(t)$，则与 $\{N-y(t)\}$ 个未使用新创意的企业之一发生联系的概率为 $\beta y(t)$，即在时间间隔 Δt 后，新创意采用者的数量为 $\Delta y(t) = \beta y(t)\{N-y(t)\}\Delta t$，假设初期的新创意采用企业数量 $y(0) > 0$，再对 Δt 取极限使之趋于0，则新创意被潜在采用企业采用的时间路径为：

$$y(t) = N\{1 + \psi \exp(-kt)\}^{-1} \qquad (4-13)$$

在公式（4-13）中，$k \equiv \beta N$，且 $\psi = (N - y(0))/y(0)$。其中 β 值越小，k 值就越小，新创意扩散的速度越慢。新创意的扩散速度存在一个逐渐加快的过程，原因是使用新创意的企业数量逐渐增长，增加了可模仿的文化创意企业的累积存量。

（3）混合信息源后的新创意扩散路径。

综上所述，在时段 Δt 中，未使用新创意的文化创意企业受到两种信息来源的影响，其采用新创意的概率为 $\{\alpha + \beta y(t)\}$，混合信息源条件下，新创意被潜在采用企业采用的时间路径为：

$$y(t) = N\{1 - \exp[-(\alpha/\sigma)t]\}\{1 + \psi\exp[-(\beta/\sigma)t]\}^{-1} \quad (4-14)$$

在公式（4-14）中，$\sigma = \alpha/(\alpha + k)$，指依靠技术研发的创意扩散强度，若 $k = 0$，则不会发生依靠企业间关系的技术扩散，且 $\sigma = 1$；若 $\alpha = 0$，则不会发生依靠技术研发的技术扩散，且 $\sigma = 0$。当 σ 值较小，$y(t)$ 的时间路径类似与图 4-7 中的实线演变路径；当 σ 值较大，$y(t)$ 的时间路径类似于图 4-7 中的虚线演变路径。

2. 新创意扩散两种典型路径的现实对应。

对应理论分析，我们可以将现实中的文化创意细分产业分为两类：一类是主要依靠技术研发进行创意扩散的文化创意细分产业，另一类是主要依靠企业间模仿进行创意扩散的文化创意细分产业。

（1）主要依靠技术研发进行创意扩散的文化创意细分产业。

主要依靠技术研发进行创意扩散的文化创意细分产业一般较为高端，所生产的产品或提供的服务往往实现了和先进技术的有效融合，创意创新程度较高。当创意创新可以更好地迎合消费者需求时，产品受众更加广泛，产品市场迅速扩大，企业产出增加；而该类文化创意产品难以模仿复制的特性又决定了产品市场不会出现同质化竞争，产品可以在较长时间内保持高附加值，产业技术效率上升。

在高端文化创意细分产业技术效率的动态演进过程中（参见图 4-2），技术效率点会随时间逐渐趋向技术效率前沿。由于该类文化创意细分产业在技术效率度量时必然采用生产后期更好的技术效率前沿面作为基准，则刚形成阶段的技术效率水平必然较低，并随着产品或服务创意的扩散逐步提高，技术效率的动态表现为随时点前进逐渐上升。

（2）主要依靠企业间模仿进行创意扩散的文化创意细分产业。

主要依靠企业间模仿进行创意扩散的文化创意细分产业一般较为低端，所生产的产品或提供的服务在可以迎合消费者需求时，产品市场也会迅速扩大，但与主要依靠技术研发进行创意扩散的文化创意细分产业不同的是，文化创意产品的创意扩散来自企业间的模仿复制，因此在产品生产规模迅速扩大、新创意扩散程度迅速上升的过程中，必然出现大量的同质化竞争，产品附加值迅速下降。而大量的同质化生产，必然会产生对相同投入要素使用权的争夺，产品的生产成本迅速提高，产业技术效率下降。

在低端文化创意细分产业技术效率的动态演进过程中（参见图 4 - 2），技术效率点会随时间逐渐远离技术效率前沿。由于该类文化创意细分产业在技术效率度量时必然采用生产前期为技术效率前沿面基准，则刚形成阶段的技术效率水平必然较高，并随着产品或服务创意的扩散逐步下降，技术效率的动态表现为随时点前进逐渐下降。

综上所述，在两种不同的文化创意细分产业范畴中，主要依靠企业间模仿进行创意扩散的低端文化创意细分产业呈现同质化竞争，技术效率动态下行的特点；主要依靠技术研发进行创意扩散的高端文化创意细分产业呈现高附加值，技术效率动态上行的特点。因此，我国文化创意产业技术效率的动态演进受到两种不同趋势的综合作用，整体方向取决于不同文化创意细分产业的市场力量。

对应我国的文化创意产业发展情况可以发现，我国的文化创意劳动投入随市场规模的扩大愈发紧张。由上一章对我国文化创意产业的要素回报率计算结果可以看出：我国文化创意产业的劳动要素回报率从 2004 年的 3.9393 万元/人迅速上升到 2015 年的 13.3439 万元/人，创意人才质量产生明显下滑，新投入的文化创意劳动与原有劳动要素相比难以保持同样的素质水平。创意人才不足直接带来创意匮乏，企业间对创意的相互模仿导致资本被大量同质注入相似的文化创意项目，这又导致了资本要素回报率的迅速下降，由 2005 年的 1.4705∶1 迅速下降为 2015 年的 0.9555∶1。这种文化创意产业要素回报率不匹配的现状说明，在我国的文化创意细分产业中，主要依靠企业间模仿进行创意扩散的文化创意细分产业还是占据了绝大多数份额，主要依靠技术研发进行创意扩散的文化创意细分产业仍在少数。

4.2.2 技术效率演进的第二层——空间演进分析

文化创意企业间对新创意的模仿性在空间中体现为不同区域间的产业同构情况。为了将空间因素纳入演进分析，此处参照赵科翔、杨秀云和叶红（2016）关于产业集聚和产业空洞化的分析范式[175]，对藤田昌久、克鲁格曼和维纳布尔斯（2013）基于分歧理论的分岔点模型进行借鉴[55]。由于文化创意产业集聚满足连续、渐变的数理表述，因此采用国际化的产业集聚模型进行阐述。

该模型存在三个假设前提条件：一是"两地区之间完全同质，且两地区之间均等分配某种既定生产要素"，当两个地区产业结构高度相似时，就满足了该假设前提；二是"两个要素同质地区，生产要素份额各自的变化（增长/减少）主要取决于要素在不同地区之间的流动"，这将生产要素集聚看作由一个地区流向另一个地区的过程，符合现实产业情况；三是"引导要素流动的力量有两种：向心力和离心力。当一个地区的产业间关联效用越强时，向心力越强，要素就向该地区流动；当一个地区的要素的不可流动性越强时，离心力越强，阻碍了要素向该地区的流动"。函数设定为：

$$Y = F(A(t)K, \ A(t)L, \ \cdots) \tag{4-15}$$

其中，Y 代表产值；$A(t)$ 代表随时间改变的技术进步；K，L，$\cdots$代表多种生产要素；F 代表某种固定的对应法则。由于两地区完全同质，因此原模型设定了简单奇函数说明临界点情况，以符合要求的最简单奇函数进行平移，设定为：

$$\dot{\lambda} = A(\lambda - 0.5) + B(\lambda - 0.5)^3 \tag{4-16}$$

其中，λ 代表被两地区分配的生产要素份额，$0 \leqslant \lambda \leqslant 1$；$\dot{\lambda} = \mathrm{d}\lambda/\mathrm{d}t$，代表生产要素份额对时间的变化率；$A$ 被向心力和离心力之间的均衡所决定；B 则代表描述 λ 及其变化率的曲线的曲率。产业集聚与产业衰退的演化趋势如图4-8所示。

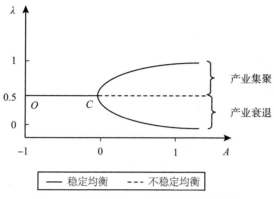

图 4-8 产业集聚与产业衰退的演化趋势

模型中的两地区间始终维持着一种竞争关系。在导致产业集聚的随机扰动出现之前（$A < 0$），生产要素收敛于两地区间的对称均衡（$\lambda = 0.5$），如图 4-8 中 OC 段所示。此时两地的产业是同构的，彼此均不占据市场竞争的优势地位；但当随机扰动出现，两地间对称均衡被打破，某地表现出些微的竞争优势（$A > 0$），分岔点由此产生，并在分岔点后表现出集聚优势、劣势逐渐明显的连续变化，生产要素倾向于向优势地区集聚，优势地区的生产要素份额增加并不断自我强化（$\lambda > 0.5$，并表现出逐渐趋于 1 的过程），如 C 点右上方图像所示；与此同时，劣势地区生产要素份额下降，产业衰退或迁移（$\lambda < 0.5$，并表现出逐渐趋于 0 的过程），如 C 点右下方图像所示。

如图 4-8 所示，产业集聚表现为地区生产要素向某个地区集聚的过程，而产业衰退则表现为地区生产要素趋于离散的过程，两者并非逆向行为，而是同时发生，属于同一经济过程中不同侧面的表现形式。如果叉形图的上部分叉意味着一个地区出现了产业集聚，则下部分叉就意味着产业同构地区的产业衰退。当然，现实生活中的产业集聚与产业衰退并非简单发生于完全同质的两地之间，但同样的结论也适用于基本同质的多个地区，尤其适用于我国多个地区文化创意产业存在同构的现实情况。

我国多个地区文化创意产业同构的原因可以分为以下三种：一是产品本身的创意创新缺乏与先进技术的融合，稍加改动便可照搬照抄于相似市场，例如，全国各大文化景区相似的文化旅游纪念品：小石头、小葫芦、瓶内画、扇面画等等。二是产品的创意创新出现时间长，与传统产业之间已出现了较高程度的渗透与融合，难以出现进一步的技术提升。例如，典型文化景区相似的历史文化歌舞剧：西安华清池的《长恨歌》、开封清明上河园的《大宋·东京梦华》、登封嵩山的《禅宗少林》等。在这些节目刚上演的初期阶段，与技术的结合比较紧密，与风景山水相映成趣，创新性极强；但因为舞台剧的歌舞编排、技术指导并不具备绝对的垄断性，当全国的大型历史景区均推出了自己的文化歌舞之后，原本处于竞争优势的歌舞剧面临了更多的市场竞争，也不再属于游客必选的旅游路线。三是可能由政府规制所引起的，多地区相同或相似的文化创意产业政策带来了多地间的文化创意产业同构，普拉特和赫顿（Pratt & Hutton，2013）指出，自上而下的"一刀切"政策对于不同地区可能产生非常不同的结果[176]，派克（Peck，2002）、普拉特（Pratt，2009）均指出，那些在各地广泛模仿"最佳经济结果"的政策带来了产业同构和许多失败的教训[177,178]。

在现实中，一个地区的文化创意产品或服务得到了市场上消费者的认可，其他地区迅速选择进行模仿复制。如果文化创意市场上的大多数文化创意产品均遵循这样的新创意扩散路线，则各地间必然陷入同质化的文化创意产业竞争，进而导致复制型地区的文化创意产业难以发展甚至开始衰退。需要注意的是，由于复制型发展出现于多项文化创意产品和服务，个别地区的某项文化创意细分产业技术效率上升无法改变当地整体文化创意产业技术效率下滑的现状。因此，各地区的文化创意产业演进趋势很可能会表现出"马太效应"的特征，竞争劣势地区的廉价资源会流向发达地区，地区差异逐渐加大，呈现"发展趋异"。由此，提出假设6：

假设6：从空间角度观察，文化创意产业的技术效率在不同地区之间差异逐渐扩大，呈现发展趋异的"马太效应"。

在某种文化创意细分产业上，"马太效应"体现为某些地区的产业集聚和其他地区的对应产业衰退；而在文化创意产业整体上，"马太效应"则很可能最终体现为不同地区拥有不同的产业衰退速度。为进一步探讨文化创意产业的技术效率在不同地区之间的差异原因,我们对文化创意产业在地理空间和经济空间上的不同演进情况进行分析讨论。

1. 文化创意产业技术效率的地理空间演进。

产业最初的集聚与衰退一般发生于地理空间之内,相邻或相近地区之间展开对要素使用权和产业份额的争夺。优势地区由于占领先机和产业集聚的自我固化,产业份额逐渐上升,产生优势产业集群,而后形成该地域范围内部的支柱产业;劣势地区产业份额下降,但由于城市间的运输成本随距离逐渐增大和其固有的比较优势,这些处于竞争劣势的产业并不会完全消亡,不仅部分产业得以保留,还可以依托距离较近的优势地区继续发展辅助性产业,不会出现明显的经济下滑(赵科翔、杨秀云和叶红,2016)[175],形成了"与较低级别的城市相比,较高级别的城市包含更多的行业种类。(藤田昌久、克鲁格曼和维纳布尔斯,2013)[55]"的现实情况。

我国文化创意产业地理空间的演进路径分为两种:一种是文化创意产业自身的演进,不同地区拥有不同的文化基础;另一种则是通过和其他产业的相互融合实现文化创意的发展。由于文化创意产业和传统产业的集聚与衰退均是按照地理空间进行竞争选择的,因此文化创意产业技术效率的空间演进过程也受到相邻或距离相近地区的影响,文化创意产业技术效率的空间变化必然和地理因素相关。

2. 文化创意产业技术效率的经济空间演进。

从 20 世纪 80 年代始,"经济全球化"趋势出现,降低了资源、生产要素、产品和信息流动障碍,以及信息成本和运输成本。除此之外,"经济全球化"所带来的全球信息化不仅加快了信息传递的速度,也在一定程度上降低了距离的影响,改变了传统产业集聚的地域范围,把产业集聚范围推向了无边界的全球化,各地的传统优势产业再次面临竞争,产业会在原有集聚的基础上再次集聚(赵科翔、杨秀云和叶红,2016)[175]。从世界角度观察,"经济全球化"带动了中国的文化创意产业走向世界,和发达国家的文化创意产业走向中国,实现了中外文化交互和中国文化创意产业自身的自循环和产业升级。从国内角度观察,"经济全球化"带动了国内区域经济的一体化和国内文化创意产业大市场的构建，不同地区之间文化交互加快，竞争程度增强。由于不同经济条件下的文化创意产业、产品存在较大差距，产业竞争也多在同一经济水平下进行，地理空间的作用逐渐淡化，经济空间（即处于相似经济水平下的区域）的作用逐渐得到重视。

基于产业集聚与产业同构的同源性，本研究采用国际化的空间经济模型解读我国的区域性产业同质化竞争行为，分别采用空间地理模型和空间经济模型说明我国文化创意产业的空间特性，指出文化创意产业的自身特性和在原有传统产业基础上进行创意提升式发展决定了存在地理性的空间演进，而"经济全球化"背景下国内区域经济的一体化和国内文化创意产业大市场的构建决定了存在经济性的空间演进。由此，提出假设7：

假设7：文化创意产业技术效率同时存在地理性空间演进趋势和经济性空间演进趋势，但地理影响弱于经济影响。

4.3　本章小结

本章在文献梳理和对我国文化创意产业改革及其产业发展统计性分析基础上，基于产业生命周期理论、产业创新理论、产业融合理论、创新扩散理论、规制理论和产权理论、空间经济理论，从产业维度构建我国文化创意产业技术效率的决定和演进的机理模型，分别从静态下技术效率点的位置、比较静态下技术效率点的变动、动态下技术效率的演进以及空间下技术效率的演进等方面展开机理探讨。

在静态和比较静态分析中，首先对文化创意产业的技术效率点展开分析，即以投入要素（文化创意劳动、资本）和产出为切入点确定了固定时点、空间点下的技术效率位置；其次以理论模型结合我国文化创意产业的发展历程，讨论了文化创意产业技术效率点的变动，即从劳动有偏的技术进步转向资本有偏的技术进步，再转向文化创意产业规模迅速扩大时的边际要素替代情况，由此提出了假设1；最后以市场化影响因素和控制变量为切入点，严格按照技术效率的变动逻辑，梳理文献并结合经济理论对市场化改革的具体影响进行描述，并提出了假设 2 至假设 5。

在动态分析中，讨论了时间维度下文化创意产业技术效率的演进，将文化创意产业按创新性和模仿性分拆为主要依靠技术研发进行创意扩散的高端文化创意细分产业和主要依靠企业间模仿进行创意扩散的低端文化创意细分产业，采用新技术扩散模型结合我国文化创意产业的要素回报率分析，讨论了每种文化创意细分产业和我国文化创意产业整体的技术效率趋势。在空间分析中，讨论了空间维度下文化创意产业技术效率的演进，借鉴基于分歧理论的分岔点模型，分别采用地理空间描述传统的地理空间演进趋势，采用经济空间描述经济全球化背景下的经济空间演进趋势，并提出了假设 6 和假设 7。

第5章
我国文化创意产业的技术效率测算与动态演进分析

　　文化创意产业的效率测算是文化创意产业发展中的核心问题之一。本章着重考虑市场化改革在文化创意产业发展过程中所产生的经济绩效问题。在这里，我们将文化创意产业细分为低端文化创意产业和高端文化创意产业两类。尽管我国31个省份（不包含港澳台地区）的文化创意产业技术效率随着时间的推移，均呈现出下降的趋势，但是低端文化创意产业的技术效率下降更为明显，其投资回报率与产业规模扩大的非一致性突出；而高端文化创意产业的技术效率仍保持正向上升趋势。这说明要素投入应与市场化变量相互整合，才能促使低端文化创意产业逐渐迈向高端化。

5.1　文化创意产业的代理变量——纯文化产业

　　文化创意产业概念指出，文化创意产业的范畴会从单纯的文化产业逐渐拓展至文化及相关产业，并最终定格为改善了整个社会经济过程的创意产业。在已有的文化创意产业载体研究中，被学者选取的研究对象大体包括选取直接变量和选取代理变量两类。

　　在以文化创意产业总体为研究对象时，2012 年前的文化产业与 2012 年后的文化及相关产业具有同源性。截至目前，国家统计局在 2004 年和 2012

年分别发布了两次文化及相关产业分类，虽然分类并不完全一致，但核心产业均为同源性产业，只在衍生产业分类上有所区别。这促使科研人员在研究分析中选取合适的代理变量，寻求一段时间内统计口径相对统一的数据用于讨论分析。

选取代理变量的方式往往以文化创意内的某个细分行业代替文化创意产业，由于创意对于文化创意产业的每一部分都具有同源性，无论是文化产业、文化相关产业或最终的"创意性产业"，只要可以归属于当前阶段的文化创意产业范畴之下，都具有"创意"的特性。这样的做法大体又可以分为两种：第一种是以公共文化平台为研究对象，但由于公共文化平台更多的作用是产生了经济数据难以直接衡量的社会福利，其文化价值远大于服务价值，直接讨论公共文化的经济特性并不能体现出整体文化甚至文化创新的标志性特征，社会的公益性福利难以被正确衡量；第二类是以"文化＋"产业为研究对象，国家统计局将"文化及相关产业"界定为"为社会公众提供文化娱乐产品和服务的活动，以及与这些活动有关联的活动的集合。"但既然"文化及相关产业"是"文化产业"＋"其他产业"，必然涉及一定的交叉数据，融合效果难以直接判定，研究多停留在理论层面，而难以有进一步的实证检验结果。

本研究的目的是寻求最合适的创意载体进行研究。考虑到以上原因，在对文化创意产业的产生、发展及进一步的效率研究中，本研究着力关注文化创意产业的自身特点，剥离开文化的公共性与"＋"的范畴，选取了文化市场和与文化市场同源的一部分文化事业单位，即"纯文化产业"。

"纯文化产业"包括了我国的艺术表演团体、艺术表演场馆、互联网上网服务营业场所、娱乐场所、经营性互联网文化单位、艺术品经营机构和演出经纪机构，具体范围如下①：

---

① 范围界定来自 1997～2016 年《中国文化文物统计年鉴》，其中文化市场经营单位包括了民营艺术表演团体和民营艺术表演场馆，此处为加入执行事业会计制度的艺术表演团体和艺术表演场馆后统一整理的结果。

（1）艺术表演团体。包括话剧、儿童剧、滑稽剧等团体，歌舞、音乐类团体，京剧、昆曲等团体，地方戏曲类团体，杂技、魔术、马戏类团体，曲艺类团体、乌兰牧骑团体及综合性艺术表演团体。

（2）艺术表演场馆。包括剧场，影剧院，书场、曲艺场，杂技、马戏场，音乐厅，综合类场馆和其他艺术表演场馆。

（3）互联网上网服务营业场所。如网吧。

（4）娱乐场所。包括歌舞厅，卡拉 OK 厅，电子游戏及游艺厅经营场所，台球厅，保龄球厅，旱冰场，综合娱乐场所等。

（5）经营性互联网文化单位。包括网络游戏，网络音乐和网络动漫等。

（6）艺术品经营机构。包括艺术品销售，艺术品拍卖，艺术品展览和艺术品经纪代理。

（7）演出经纪机构。

其中，艺术表演团体和艺术表演场馆既有事业单位，也有企业单位；其他机构均为企业单位。这部分文化单位的集合满足文化创意产业的主要特性，既从文化市场与文化产品的角度满足文化创意产业的原创性与创新性，也可以从文化市场的历史发展进程中看出其渗透性与融合性。

在选择的文化市场经营单位及与其相关的一部分文化事业单位中，行业范畴逐渐扩大，与相关经营业态的融合也在不断发生。在历年《中国文化文物统计年鉴》关于文化市场的统计口径中：1997 年的文化市场只包括了艺术表演和文化娱乐业，即"纯文化产业"范畴中的第一、第二、第四类；2002年出现了互联网上网服务营业场所；2004 年出现了艺术经纪与代理业、音像制品批发与零售业、录像放映与出租业、画店画廊美术公司、艺术品拍卖公司等；2005 年新加了音像制品公司；2010 年出现了动漫产业。而后随着时代进步，跟不上时代的行业被逐渐淘汰，新兴的网络文化行业出现。

由于"纯文化产业"体现着与文化创意产业相似的特性，因此可以从一定意义上代表文化创意产业进行研究，其结果虽然不能完全反映文化创意产业的所有特点，但必然带有很大的相似性。本研究讨论文化创意产业自身的市场效果与市场化结果，以"纯文化"产业为研究对象，从其发展和效率的动态及空间演进规律对文化创意产业进行必要的印证。研究数据来源包括相关年份《中国文化文物统计年鉴》《中国统计年鉴》《中国劳动力统计年鉴》和《中国分省份市场化指数报告（2016）》，以及各省统计年鉴等。

5.2　我国文化创意产业技术效率的测度方法及数据处理

通过构建柯布—道格拉斯生产函数形式的随机前沿生产函数，测度我国文化创意产业的技术效率，并且以技术效率绝对数值的大小关系对我国分地区的文化创意产业技术效率进行评价。

5.2.1　研究方法——SFA 的分析原理

1. 柯布—道格拉斯生产函数。

柯布—道格拉斯生产函数是美国数学家柯布（C. W. Cobb）和经济学家保罗·道格拉斯（Paul H. Douglas）共同探讨投入和产出的关系时创造的生产函数。柯布—道格拉斯生产函数在一般形式上做出改进，引入了技术要素。模型如下：

$$Y = A(t) L^\alpha K^\beta \mu \tag{5-1}$$

公式（5-1）中，Y 是产业总值，$A(t)$ 是随时间变动的技术水平，L 是投入的劳动力数量，K 是投入的资本总量，一般用固定资产或资产代替。α 是劳动力产出的弹性系数，β 是资本产出的弹性系数，μ 表示随机干扰的影响，$\mu \leqslant 1$。

从柯布—道格拉斯生产模型可以看出，决定产值水平的主要因素是投入的劳动数和资本数。根据 α 和 β 的组合情况，可以分为三种类型：

（1）$\alpha + \beta > 1$，称为规模报酬递增，说明按照技术扩大生产规模可以有效地增加产出。

（2）$\alpha + \beta < 1$，称为规模报酬递减，说明按照技术扩大生产规模增加产出得不偿失。

（3）$\alpha + \beta = 1$，称为规模报酬不变，说明按照技术扩大生产规模不能增加产出，只有提高技术水平，产出才有可能提高。

2. 基于柯布—道格拉斯生产函数的 SFA 模型原理。

假设厂商的产出水平为 y，生产投入要素为 x_i，$i = 1$，2，…，n，β_i 为第 i 个生产投入要素和产出之间的弹性，$i = 1$，2，…，n，则柯布—道格拉斯生产函数如下所示：

$$y = e^{\beta_0} \prod_{i=1}^{n} x_i^{\beta_i} e^{\varepsilon} \tag{5-2}$$

公式（5-2）中，e^{β_0} 为常数项，e^{ε} 为误差项。

在厂商生产过程中，可以将 ε 分解成技术无效项 u 和随机误差项 v，$\varepsilon = v - u$，v 和 u 相互独立。为了将指数函数转置成线性函数关系，可以对公式（5-2）两边分别取对数，得到：

$$\ln y = \beta_0 + \sum_n \beta_i x_i + \varepsilon = \beta_0 + \sum_n \beta_i x_i + v - \mu \tag{5-3}$$

在公式（5-3）中，通过构建厂商最大生产可能性前沿面，对厂商的技术效率水平进行估计；通过估计参数 β_i，$i = 1$，2，…，n，逐个分析生产投入要素的变化和厂商产出变化之间的影响关系；通过比较估计参数 β_i，$i = 1$，2，…，n，逐个分析生产投入要素对产出的贡献程度。

3. 基于柯布—道格拉斯生产函数的文化创意产业技术效率省际 SFA 模型。

由于传统的随机前沿模型无法反映横截面数据或者个体样本间的差异情况，本研究在不考虑效率影响因素的前提下，采用了格林（Greene，2005）提出的固定效应随机前沿模型[179]，对中国 31 个省份文化创意产业的效率进行评价。模型设定如下：

$$\ln Y_{it} = \alpha_i + \beta_1 \ln L_{it} + \beta_2 \ln K_{it} + v_{it} - \mu_{it} \tag{5-4}$$

$$eff_{it} = \frac{E(\alpha_i + \beta_1 \ln L_{it} + \beta_2 \ln K_{it} + v_{it} - \mu_{it})}{E(\alpha_i + \beta_1 \ln L_{it} + \beta_2 \ln K_{it} + v_{it} | \mu_{it} = 0)} = \exp(-\mu_{it}) \qquad (5-5)$$

其中，i 和 t 分别代表 31 个省份的序号和年份；Y_{it} 表示第 i 个省份第 t 年的文化创意产业产出；L_{it} 表示第 i 个省份第 t 年的文化创意劳动投入；K_{it} 表示第 i 个省份第 t 年用于文化创意产业的资本投入。α_i 为具有组群效应的常数项；β_1 和 β_2 分别为劳动力和资本的系数估计；v_{it} 表示服从正态分布 $N(N, \sigma_v^2)$ 的随机误差项；μ_{it} 表示与 v_{it} 相互独立且服从半正态分布 $N(m_{it}, \sigma_{it}^2)$ 的非负技术无效项，其中 m_{it} 反映环境约束因素使文化创意产业偏离生产前沿的幅度，σ_{it}^2 反映该偏离的波动性。eff_{it} 是对我国文化创意产业第 i 个省份第 t 年的技术效率水平的估算值，衡量产业实际技术效率水平与效率前沿的差距，反映其未来效率改进空间的大小。

5.2.2 我国文化创意产业技术效率的指标选择和数据处理

在经验分析中，本研究选择以纯文化产业的收入来代表文化创意产业产出，该变量原始数据由文化市场经营机构的营业收入、文化部门执行事业会计制度的艺术表演团体事业收入与经营收入、文化部门执行事业会计制度的艺术表演场馆事业收入与经营收入加总得到，然后采用 CPI 进行平减后取对数来降低波动①。虽然纯文化产业收入与文化创意产业产出两者的经济内涵并不完全相同，但在同时选取纯文化的投入要素作为代理变量时，纯文化产业的收入可视做文化创意产业产出的一种对应表现形式，这样的替代具有较强的代表意义。

通过数据整理可以看出，各省份逐年的纯文化产业收入整体呈现上升趋势。但由于文化创意产业本身属于服务型产业，产出与消费者的认同度高度

---

① 根据 2016 年《中国文化文物统计年鉴》，文化市场经营机构包括民营艺术表演团体、民营艺术表演场馆、互联网上网服务营业场所、娱乐场所、经营性互联网文化单位、艺术品经营机构和演出经济机构。

相关，存在着随机波动过强的实际情况。

为便于理解，此处选取话剧剧团这一形式进行举例说明。对于不同的话剧剧目而言，其投入主要来源于工作人员、彩排和道具，其产出主要来源于观众的上座率。对于同样规格的话剧，表演时观众的认同程度可能完全不同，认同度高的剧团投入产出比（即技术效率）就会较高；而认同度低的剧团投入产出比就会较低。这就可能出现某剧团的某个话剧题材极其叫好叫座，但换了一个话剧题材却难以持续热卖的现象。

纯文化产业整体收入的随机波动示意如图 5 - 1 所示。

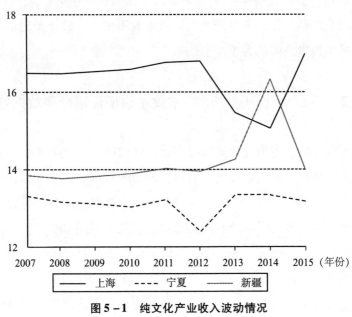

图 5 - 1 纯文化产业收入波动情况

由于不同省份文化产业收入数值差距较大，因此在原有数据上进行了对数化处理，又为说明趋势变动重新设定了纵轴范围。可以看出，新疆的 2014 年出现了突然的上升波动；上海的 2013 年、2014 年和宁夏的 2012 年出现了突然的下滑波动。这种随机波动本身会导致数据结果的不准确，因此要设法剔除这种随机波动，留下潜在趋势。对趋势值的拟合可以采用滤波、函数拟合等多种方法，但由于本部分的研究目的是通过实际数值衡量生产的效率前沿，这要求保留尽可能多的初始信息，因此本部分采用了直接剔除异常值的做法。按照收入突然上升但不可持续的特征或收入突然下降但不可持续的特征，在 2007~2015 年 31 个省份的 279 个数据中剔除了 17 个异常数值。

关于文化创意产业的劳动投入和资本投入，本研究分别采用纯文化产业的从业人员数和资产总计进行替代。纯文化产业的从业人员原始数据由文化市场经营机构从业人员、文化部门执行事业会计制度的艺术表演团体从业人员和文化部门执行事业会计制度的艺术表演场馆从业人员加总得到，随后取对数降低波动；纯文化产业的资产总计原始数据则由文化市场经营机构资产总计、文化部门执行事业会计制度的艺术表演团体资产总计和文化部门执行事业会计制度的艺术表演场馆资产总计加总而得，采用 CPI 进行平减后取对数降低波动，并参照收入波动剔除异常值的方法，在 2007~2015 年 31 个省份的 279 个数据中也剔除了 17 个异常数值。

可以看出，纯文化产业的收入、劳动投入和资本投入统计口径相同，数据处理方法一致。这为进一步进行随机前沿分析打下了良好的基础。

5.3　我国文化创意产业技术效率的动态演进

5.3.1　我国文化创意产业整体技术效率趋势的检验

本部分使用全国 31 个省份 2007~2015 年数据（不包含港澳台地区），利用 Frontier 4.1 工具，基于柯布—道格拉斯的函数形式进行 SFA 分析，测度我国 31 个省份的文化创意产业技术效率，对机理分析中的假设 1 进行检验。模型参数回归结果如表 5 - 1 所示。

表 5 – 1 　　　　　基于柯布—道格拉斯生产函数的 SFA 结果

变量	系数	标准误	t – 统计量
β_0	– 0. 1112	0. 3154	– 0. 3526
$\beta_1(\ln L)$	0. 2977	0. 0514	5. 7933 ***
$\beta_2(\ln K)$	0. 7723	0. 0373	20. 7021 ***
σ^2	0. 1628	0. 0435	3. 7453 ***
γ	0. 7480	0. 0722	10. 3581 ***
η	– 0. 0943	0. 0264	– 3. 5686 ***
log likelihood function	20. 3846		
LR test of the one – sided error	45. 2164		

注: *** 表示通过显著水平为 1% 的 t 检验。在 u 满足半正态分布时, μ 被限定取值为 0。

从表 5 – 1 的结果看出, 柯布—道格拉斯生产函数的 SFA 回归系数均通过了显著水平为 1% 的 t – 统计量检验, 对数似然方程和单边误差检验均通过了概率为 0. 99 的卡方分布, 说明采用最大参数法估计参数以及对技术效率的总体检验结果有效, 统计检验结果理想。

$\gamma = 0.7480$, 说明在实际效率与生产前沿面的效率差距中, 技术无效项占比达到了 74. 80%, 随机因素只有 25. 2%, 这为我们进一步的研究留下了合理的空间; 但也要看到, $\eta = -0.0943$, 说明随着时间的推移, 年均效率水平逐渐下降, 每年相对于上一年约有 9. 43% 的技术效率损失。这说明我国的文化创意产业在不断发展壮大的过程中, 各省份文化创意产业的技术效率呈下降趋势, 假设 1 检验通过。这说明我国依靠企业间模仿的低端文化创意细分产业带来的技术效率下降趋势占据了主动地位, 而依靠技术研发的高端文化创意细分产业的技术效率上升趋势力量不足。这种结果的出现可能来源于两种原因: 一是低端文化创意细分产业技术效率下降速度不快, 但占据了文化创意产业整体的绝大多数份额, 从而拉低了整体的技术效率水平; 二是低端文化创意细分产业技术效率递减的速度更快。本研究倾向于第一种原因, 我们认为, 在以 "纯文化产业" 为代表的文化创意产业中, 低端文化创意细分产业份额较大，产业规模的迅速扩张导致了劳动要素成本增加，资本要素回报率迅速下降的事实状况，并最终表现为文化创意产业整体性的技术效率水平递减。

β_1、β_2 均为正数，说明我国文化创意产业投入与产出正相关，产出随投入的增加而增加。$\beta_1 = 0.2977$，说明其他投入要素保持不变的前提条件下，劳动投入增加 1%，文化创意产业产出提高 0.2977%；$\beta_2 = 0.7723$，说明其他投入要素保持不变的前提条件下，资本投入增加 1%，文化创意产业产出提高 0.7723%。从数值上看，在文化创意产品的生产过程中，资本的效率更高，平均投入资本量更多，这也印证了机理分析部分对我国文化创意产业技术效率变动趋势的推测结果。

5.3.2 高端文化创意细分产业技术效率趋势的检验

动态演进的机理分析指出，主要依靠技术研发进行创意扩散的高端文化创意细分产业对文化创意产业整体的技术效率起到正向的拉动作用，主要依靠企业间模仿进行创意扩散的低端文化创意细分产业对文化创意产业整体的技术效率起到反向的阻碍作用，后者已经依靠我国文化创意产业整体的技术效率趋势得到论证。本部分在采用的代理变量——纯文化产业中挑选出动漫产业（纯文化产业中具有代表性的高端文化创意细分产业之一，动漫产业数据自 2010 年开始统计）对高端文化创意细分产业的技术效率趋势进行例证。

为保持前后方法和技术上的一致性，此处仍引入柯布—道格拉斯生产函数，采用 SFA 的方式进行检验。

$$\ln Y = \alpha + \beta_1 \ln L + \beta_2 \ln K + v - \mu \qquad (5-6)$$

在上式中，Y 是各省的动漫产业收入，描述动漫产业产出水平；L 是各省的动漫产业从业人员数，描述动漫产业劳动投入；K 是各省的动漫产业固定资产原值，描述动漫产业资本投入；其中，对动漫产业收入和动漫产业固定资产原值采用 CPI 进行平减。β_1、β_2 是 L、K 的系数；v 代表随机误差项；μ 仍代表满足非正态分布的非负技术无效项。

使用我国 31 省份 2010 ~ 2015 年数据，利用 Frontier 4.1 工具，基于柯布—道格拉斯的函数形式进行 SFA 分析，测度我国 31 省份的动漫产业技术效率，重点关注显著性和年均效率趋势，显著性说明了模型自身的有效性，而年均效率趋势则说明了以动漫产业为代表的文化创意产业自身效率趋势变动情况，模型参数回归结果如表 5 - 2 所示。

表 5 - 2　　　　　　基于柯布—道格拉斯生产函数的动漫产业 SFA 结果

变量	系数	标准误	t - 统计量
β_0	4. 7904	0. 4301	11. 1380 ***
$\beta_1(\ln L)$	0. 8089	0. 0949	8. 5230 ***
$\beta_2(\ln K)$	0. 1985	0. 0557	3. 5603 ***
σ^2	0. 7535	0. 2148	3. 5083 ***
γ	0. 5902	0. 1315	4. 4888 ***
η	0. 1377	0. 0330	4. 1719 ***
log likelihood function	- 168. 0318		
LR test of the one - sided error	56. 5889		

注：*** 表示通过显著水平为1%的 t 检验。在 u 满足半正态分布时，μ 被限定取值为0。

从表 5 - 2 的结果看出，柯布—道格拉斯生产函数下动漫产业的 SFA 回归系数均通过了显著水平为1%的 t - 统计量检验，对数似然方程和单边误差检验均通过了概率为 0. 99 的卡方分布，说明采用最大参数法估计参数以及对技术效率的总体检验结果有效，统计检验结果理想。

$\gamma = 0. 5902$，说明在实际效率与生产前沿面的效率差距中，技术无效项占比达到了 59. 02%，随机因素占 40. 98%，说明动漫产业也可以按照本研究的范式进行分析；同时，$\eta = 0. 1377$，说明随着时间的推移，动漫产业的年均效率水平逐年上升，每年相对于上一年约有 13. 77% 的技术效率进步。

动漫产业技术效率均值趋势如图 5 - 2 所示。可以看出，当动漫产业

2010 年正式被纳入"纯文化"产业的统计口径之时，技术效率水平相对较低，未来存在极大的技术效率发展空间。动漫产业的技术效率水平逐年迅速上升，也说明了动漫产业在市场上的受众迅速增加，产品附加值高而替代性差。

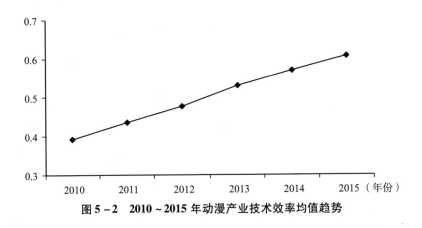

图 5 - 2　2010 ~ 2015 年动漫产业技术效率均值趋势

β_1、β_2 均为正数，说明我国文化创意产业投入与产出正相关，产出随投入的增加而增加。$\beta_1 = 0.8089$，说明其他投入要素保持不变的前提条件下，劳动投入增加 1%，文化创意产业产出提高 0.8089%；$\beta_2 = 0.1985$，说明其他投入要素保持不变的前提条件下，资本投入增加 1%，文化创意产业产出提高 0.1985%。从数值上看，在动漫产业的生产过程中，劳动投入的效率更高，平均投入的劳动量也更多。这与动漫产业需要大量的创意类人才（动漫创作需要作者以绘画的形式讲述一个好的故事）关系密切。

5.3.3　我国文化创意产业技术效率水平的动态描述

基于柯布—道格拉斯生产函数的 SFA 模型进行测度，我国 31 个省份的文化创意产业技术效率水平结果如表 5 - 3 所示，直观图如图 5 - 3 所示。

表 5 – 3 我国 31 个省份的文化创意产业技术效率水平

省份	2007 年	2008 年	2009 年	2010 年	2011 年	2012 年	2013 年	2014 年	2015 年	年均值	排序
北京	0.7996	0.7822	0.7636	0.7436	0.7223	0.6996	0.6755	0.6500	—	0.73	25
天津	0.7816	0.7628	0.7428	0.7214	0.6986	0.6744	0.6489	0.6219	—	0.71	28
河北	0.7725	0.7531	0.7324	0.7103	0.6868		0.6356	0.6079	0.5790	0.68	31
山西	0.7894	0.7712	0.7518	0.7310	0.7088	0.6852	—	0.6339	0.6062	0.71	28
内蒙古	0.8119	0.7954	0.7777	0.7588	0.7385	0.7168	—	0.6694	0.6436	0.74	22
辽宁	—	0.8226	0.8070	0.7901	0.7721	0.7527	0.7321	0.7101	0.6867	0.76	19
吉林	0.8269	0.8116	0.7951	0.7774	0.7584	0.7380	0.7164	0.6933	0.6689	0.75	21
黑龙江	0.8581	0.8453	0.8315	0.8166	0.8005	0.7832	0.7647	0.7449	0.7238	0.80	16
上海	—	0.9808	0.9790	0.9769	0.9747	0.9723	—	—	—	0.98	1
江苏	0.9215	0.9141	0.9061	0.8975	0.8881	0.8779	0.8668	—	0.8421	0.89	10
浙江	0.8942	0.8845	0.8739	0.8625	0.8501	0.8367	0.8223	0.8067	0.7900	0.85	13
安徽	—	0.8452	0.8313	0.8164	0.8003	0.7830	0.7645	0.7447	0.7236	0.79	17
福建	0.9715	0.9687	0.9657	0.9625	0.9589	0.9549	0.9507	—	0.9409	0.96	2
江西	0.8551	0.8421	0.8280	0.8128	0.7965		0.7601	0.7400	0.7186	0.79	17
山东	—	—	—	0.7798	0.7610	0.7409	0.7194	0.6966	0.6724	0.73	25
河南	0.8145	0.7983	0.7808	0.7620	0.7419	0.7205	0.6976	0.6734	0.6478	0.74	22
湖北	0.9115	0.9033	0.8943	0.8846	0.8741	0.8627	0.8504	0.8371	0.8228	0.87	12
湖南	0.9321	0.9257	0.9187	0.9111	0.9029	0.8940	0.8843	0.8738	0.8624	0.90	8
广东	0.9524	0.9479	0.9430	0.9376	0.9318	—	0.9185	—	0.9028	0.93	4
广西	0.9268	0.9199	0.9124	0.9043	0.8954	0.8859	0.8755	0.8643	0.8521	0.89	10
海南	0.9727	0.9701	0.9672	0.9641	0.9606	0.9569	—	0.9483	0.9434	0.96	2
重庆	0.9528	0.9483	0.9434	0.9380	0.9322	0.9259	0.9190	0.9115	—	0.93	4
四川	0.8928	0.8829	0.8722	0.8606	0.8481	0.8345	0.8199	0.8042	0.7874	0.84	14
贵州	0.9306	0.9241	0.9170	0.9093	0.9009	0.8918	0.8820	—	0.8598	0.90	8
云南	0.8149	0.7987	0.7812	0.7625	0.7424	0.7210	0.6982	0.6740	0.6485	0.74	22
西藏	0.7999	0.7825	0.7639	0.7439	0.7226	0.6999	0.6758	0.6503	0.6234	0.72	27
陕西	0.8725	0.8609	0.8483	0.8347	0.8201	0.8043	0.7874	0.7692	0.7498	0.82	15

续表

省份	2007 年	2008 年	2009 年	2010 年	2011 年	2012 年	2013 年	2014 年	2015 年	年均值	排序
甘肃	0.8235	0.8079	0.7912	0.7732	0.7539	0.7333	0.7114	—	0.6634	0.76	19
青海	0.9405	0.9348	0.9287	0.9220	0.9148	—	0.8983	0.8890	0.8790	0.91	7
宁夏	0.9534	0.9490	0.9441	0.9389	0.9331	—	0.9201	0.9127	0.9046	0.93	4
新疆	0.7742	0.7549	0.7343	0.7124	0.6890	0.6643	0.6381	—	0.5818	0.69	30
均值	0.8721	0.8630	0.8509	0.8360	0.8219	0.8004	0.7864	0.7553	0.7528	0.82	

注："—"为综合收入和资产剔除值后留下的空位。

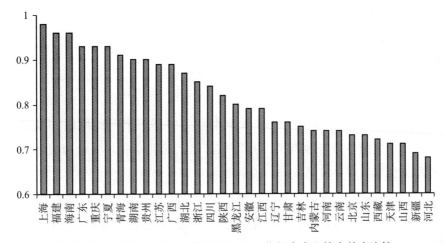

图 5 - 3 我国省际（除港澳台）平均文化创意产业技术效率比较

从纯文化产业角度来看，我国文化创意产业的技术效率值整体偏高，然后逐年递减，这也印证了机理分析中文化创意产业为继续扩大生产，技术效率由技术效率前沿线逐渐外移的过程。与已有研究的其他文献数据比较，这也说明了我国的"纯文化"产业相对于文化创意产业整体而言，具有成熟度较高的特征。

从总体趋势来看，各省份的文化创意产业技术效率水平每年变化的速率并不一致，但均呈现递减状态，符合模型中 γ 的经济含义，说明各省在文化创意产业发展的过程中技术效率均遭遇了不同的阻碍。

从省际来看，上海、福建、海南的文化创意产业技术效率水平最高，广东、重庆、宁夏紧随其后，青海、贵州、湖南、江苏、广西、湖北、浙江、四川、陕西位于第三梯度，其余省份的文化创意产业技术效率水平不容乐观。

为了对我国不同经济区之间的文化创意产业技术效率异质性差异进行比较和量化评价，进一步认识区域之间的异质性特征，本部分参照国家分类方式，根据政策和经济发展水平将我国省份划分为东、中、西部 3 个组别，东部指最早实行沿海开放政策并且经济发展水平较高的省份，中部是指经济次发达省份，而西部则是指经济欠发达的省份①。

在 2007~2015 年高于全国平均水平或与全国水平持平的 15 个省份中，东部地区占 6 个省份，西部地区占 7 个省份，而中部地区除湖南省和湖北省之外均在国家平均水平之下；按照东、中、西部三大区域的平均水平，东部地区（0.835）优于西部地区（0.823），而东、西部地区显著优于中部地区（0.794），呈现出我国文化创意产业技术效率水平"中部凹陷"的客观局面。

导致我国文化创意产业技术效率水平"中部凹陷"的原因和我国东、中、西部地区的自身特性有关。我国东部地区除北京外均为沿海发达省份，存在得天独厚的对外贸易优势。在和其他国家贸易往来的过程中，我国与外国的文化创意碰撞、交融，为东部地区的文化创意产业发展提供了更多的创意来源。我国西部地区虽然经济相对落后，但维吾尔族、藏族、回族、壮族、蒙古族及其他少数民族的民族文化为西部文化创意产业的发展提供了广泛的创意来源。而中部地区文化创意产业发展的创意来源则主要来自自身的文化，

---

① 将我国划分为东部、中部、西部三个地区的时间始于 1986 年，由六届全国人大四次会议通过的"七五"计划正式公布。东部地区包括北京、天津、河北、辽宁、上海、江苏、浙江、福建、山东、广东和海南等 11 个省份，中部地区包括山西、内蒙古、吉林、黑龙江、安徽、江西、河南、湖北、湖南、广西等 10 个省份，西部地区包括四川、贵州、云南、西藏、陕西、甘肃、青海、宁夏、新疆等 9 个省份。1997 年八届全国人大五次会议决定设立重庆市为直辖市，并划入西部地区后，西部地区所包括的省级行政区就由 9 个增加为 10 个。由于内蒙古和广西两个自治区人均国内生产总值的水平正好相当于上述西部 10 省份的平均状况，2000 年国家制定的在西部大开发中享受优惠政策的范围又增加了内蒙古和广西。目前，东部地区仍为原先的 11 省份，中部地区包括山西、吉林、黑龙江、安徽、江西、河南、湖北、湖南等 8 个省份，西部地区包括四川、重庆、贵州、云南、西藏、陕西、甘肃、青海、宁夏、新疆、广西、内蒙古等 12 个省份。

外来文化冲击较弱，民族文化也不够丰富。因此，在我国文化创意产业技术效率水平的东、中、西部地区比较中，东、西部地区相对较好而中部地区相对不足，出现了"中部凹陷"的现实情况。

5.4 本 章 小 结

本章采用柯布—道格拉斯生产函数，在考虑劳动力投入、资产投入和收入的约束下计算文化创意产业技术效率，并根据时点顺序对不同地区进行排序。

本章的主要结论归纳如下：

（1）"创意"对文化创意产业内部的每个部分都具有同源性。无论是文化产业、文化相关产业或最终的"创意性产业"，只要可以归属于当前阶段的文化创意产业范畴之下，都具有"创意"的特性。本研究的目的就是寻求最合适的创意载体进行研究。因此，本章关注文化创意产业的自身特点，剥离开文化的公共性与"＋"的范畴，选取了文化市场和与文化市场同源的一部分文化事业单位，即"纯文化产业"。由于"纯文化产业"体现着与文化创意产业相似的特性，因此可以从一定意义上代表文化创意产业进行研究，其结果虽然不能完全反映文化创意产业的所有特点，但必然带有较强的相似性。

（2）我国文化创意产业的年均技术效率趋势逐渐下降。通过对我国文化创意产业的随机前沿分析（SFA）可知，时间对于技术效率的影响显著并为负。对"纯文化产业"的技术效率分析结果表明：随时间推移，我国文化创意产业的年均技术效率趋势逐渐下降，假设 1 检验通过。这说明在以"纯文化产业"为代表的文化创意产业中，主要依靠企业间模仿进行创意扩散的文化创意细分产业份额较大，并最终表现为文化创意产业整体性的技术效率水平递减。因此，探究我国文化创意产业技术效率的主要影响因素，并努力改善技术效率趋势递减的现状是必要的。

（3）我国文化创意产业技术效率在空间上相似性与差异性并存。从总体趋势来看，各省份的文化创意产业技术效率水平每年变化的速率不一致，但均呈现递减状态。东部地区优于西部地区，而东、西部地区显著优于中部地区，呈现出我国文化创意产业技术效率水平"中部凹陷"的客观局面。因此，说明空间上的区域性相似和区域性差异，探究我国文化创意产业的空间演进也是必要的。

第6章

我国文化创意产业技术效率
动态演进的影响因素分析

通过测度我国文化创意产业的技术效率水平，发现实际效率与效率前沿差距中的技术无效项占比达到 74.8%，说明按照影响因素进行效率改良具有可行性。本章根据前文机理研究模型和实证分析结果，探究我国文化创意产业技术效率动态演进的主要影响因素，从市场化改革角度出发，选取合适的市场化变量与控制变量，构建面板回归模型，从中发现影响文化创意产业技术效率的市场因素与异质性的区域因素。

6.1 变量选取和描述性统计

6.1.1 变量选择

机理分析对文化创意产业技术效率的影响因素做出了详细说明，并将影响因素分为：市场化变量与控制变量两种。

1. 市场化变量。

市场化变量分为规制、竞争、产权三类。市场化变量的平方项刻画对技术效率的非线性关系；市场化变量的交叉项刻画变量的两两乘积。此处对平方项和交叉项不再单独介绍。

（1）规制（*reg*）。

规制反映了各省级政府对文化创意产业市场的影响程度。由于文化创意产业激励性规制的量化方法主观性较强，此处采用各省份的普适性规制数据作为工具变量。与激励性规制对文化创意产业的针对性较强不同，市场化条件下的普适性规制缺乏对于文化创意产业的针对性，与机理分析中"减少普适性规制"的要求保持一致。本研究引用了《中国分省份市场化指数报告（2016）》中 2008～2014 年关于"政府与市场关系"的市场化指数（王小鲁、樊纲和余静文，2017）[180]。该指数由"市场分配资源的比重""减少政府对市场的干预""缩小政府规模"3 个分项指数组成，数值越大说明政府规制越少、市场化程度高；反之，数值越小说明政府规制越强、市场化程度低。具体如图 6 – 1 所示。

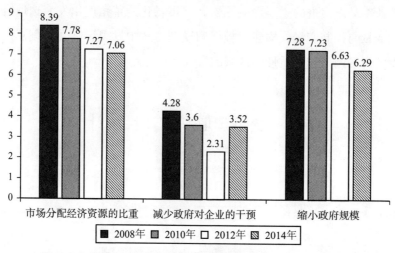

图 6 – 1　政府与市场的关系：分项指数变化（2008～2014 年）

资料来源：《中国分省份市场化指数报告（2016）》。

由图 6 – 1 可以看出，这 3 个分项指数在 2008～2014 年间均呈倒退趋势，政府对市场的普适性规制愈发严格，并由此带来了市场配置资源的程度下降，政府对企业的干预增加和政府规模扩大一系列不良状况。

对 31 个省份的分项指数进行加权合并，结果如图 6-2 所示。

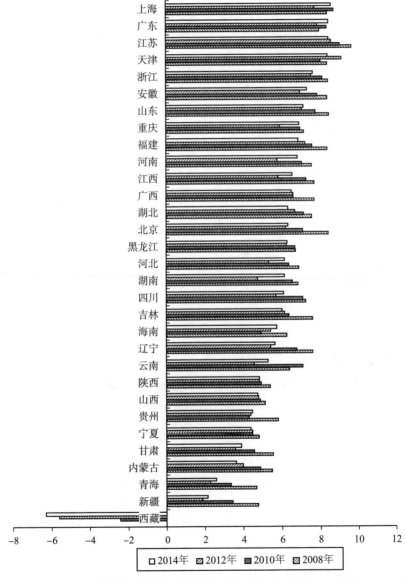

图 6 - 2　政府与市场的关系——分省份评分（2008～2014 年）

资料来源：《中国分省份市场化指数报告（2016）》。

图 6 – 2 中的加权合并后数值也反映出了各省份的政府普适性规制逐渐增强的趋势。在 2008 ~ 2014 年间，只有广东、上海、天津和重庆 4 个省份在"政府与市场的关系"的评分存在上升，即普适性规制程度减轻，这主要依赖于政府对企业的干预变少和政府规模的有效控制。剩下的 27 个省份在"政府与市场关系"的评分中均有不同程度的下降。可以发现，经济相对发达省份的政府普适性规制程度一般较弱，而偏远地区（如西藏、青海、新疆）或政治中心（北京）的政府规制程度往往更强且逐渐加深。

将 31 个省份的规制水平再次平均化，得到了我国平均规制水平的逐年变动情况，如图 6 – 3 所示。

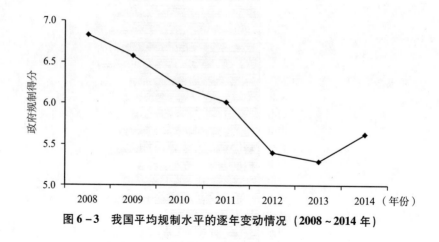

图 6 – 3   我国平均规制水平的逐年变动情况（2008 ~ 2014 年）

由图 6 – 3 可以看到，2008 ~ 2014 年间，我国"政府与市场关系"这一指标的平均水平逐年下滑，2013 年达到低谷并于 2014 年有所回升，这说明我国整体的政府普适性规制逐渐增强，即我国的市场化程度存在逐年下降的趋势。

（2）竞争（com）。

竞争反映了各省份文化创意产业的市场活力，数据来源于 2009 ~ 2016 年的《中国文化文物统计年鉴》。市场活力可以通过多种角度进行研究，此处考虑数据的有效性与准确性，假设文化创意事业与企业均具有同等竞争能力（即同样的创新性和模仿性），采用纯文化产业的事业、企业数量之和反映各省份的产业竞争水平。该数值由文化市场机构数、文化部门执行事业会计制度的艺术表演团体数和文化部门执行事业会计制度的艺术表演场馆数加总而成。数值越大说明各省文化创意市场竞争水平越高、市场化程度高；反之，数值越小说明各省文化创意市场竞争水平越差、市场化程度低。

由图 6-4 可以看到，我国的文化创意类事业数加企业数的省际平均水平在 2009~2015 年间始终保持在 7000~8000 家企业，反映出我国省际"纯文化"产业的市场整体竞争水平较为稳定，企业数量变动趋势略有下行。

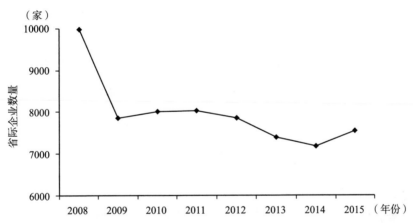

图 6-4　我国省际文化创意类企业平均数量的逐年变动情况（2008~2015 年）

我国的文化创意产业的总体企业数整体仍呈上升趋势，与"纯文化"产业的企业总量趋势不同。本研究认为，"纯文化"产业企业总量的稳定趋势说明了"纯文化"产业与文化创意产业存在的产业生命周期阶段略有差异，"纯文化"产业相对而言更为成熟。但由于"纯文化"产业与文化创意产业的同源性，且"纯文化"产业是文化创意产业的重要组成部分，产业生命周期的细微差异对变量与技术效率之间的具体影响关系不构成实质性影响。

（3）产权（*pro*）。

产权反映了各省文化创意产业的所有制单位比例，由企业会计制度单位与事业会计制度单位的比值构成，数据由 2009~2016 年的《中国文化文物统计年鉴》加工后获得。在具体获取数据时，由于文化市场机构内包含的艺术表演团体和艺术表演场馆均为民营，而互联网上网服务营业场所、娱乐场所、经营性互联网文化单位、艺术品经营机构和演出经济机构又均以企业的形式存在。因此，该数值由文化市场机构数与事业会计制度下艺术表演团体和艺术表演场馆数量之和的比值构成。数值越大说明各省文化创意市场企业比例越大、市场化程度高；反之，数值越小说明各省文化创意市场企业比例越小、市场化程度低。

由图 6-5 所示，纵轴代表了省际文化创意市场中企业单位数量与事业单位数量的比值比例，横轴代表年度。可以看到，我国文化创意产业的企业单位数量已经远远高于事业单位数量，2008~2015 年间，这一比值大概在 60：1 至 140：1 之间，呈上升趋势，体现了我国文化创意产业转企改制的逐年变动过程。

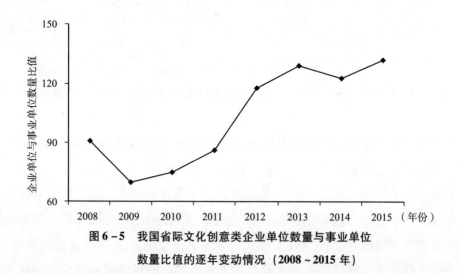

图 6-5　我国省际文化创意类企业单位数量与事业单位
数量比值的逐年变动情况（2008~2015 年）

2. 控制变量。

(1) 经济水平 (lnGDP)。

经济水平反映了各省的整体经济增长能力，采用各省的 GDP 值进行衡量，数据来源为 2009～2016 年的《中国统计年鉴》。由于 GDP 数据普遍较大、增长速度快，此处将各省 GDP 进行对数化处理，减小波动趋势。

(2) 产业集聚水平 (LQ)。

产业集聚水平反映了各省文化创意产业自身的集聚能力，采用区位熵进行衡量。区位熵可以衡量各省区内文化创意要素的空间分布情况、文化创意产业部门的优势和劣势以及在各层次区域中的地位和作用。计算公式如下：

$$LQ_{ij} = \frac{\dfrac{x_{ij}}{\sum_i x_{ij}}}{\dfrac{\sum_j x_{ij}}{\sum_j \sum_i x_{ij}}} \qquad (6-1)$$

其中，x_{ij} 代表地区 j 产业 i 的某个主要经济指标，此处采用就业人数进行计算。因此 x_{ij} 就代表地区 j 纯文化产业的就业人数；$\sum_i x_{ij}$ 代表地区 j 所有产业的就业人数总和；$\sum_j x_{ij}$ 代表全国纯文化产业的就业人数总和；$\sum_j \sum_i x_{ij}$ 则代表了全国的就业人数总和。"纯文化"产业的分省就业人数数据来源为 2009～2016 年的《中国文化文物统计年鉴》，就业人数数据则来自 2009～2016 年的《中国劳动统计年鉴》。

(3) 技术水平 (lntec)。

技术水平反映了各省的整体技术水平，采用各省的技术市场成交额进行衡量，数据来源为 2009～2016 年的《中国统计年鉴》。由于不同省区之间技术市场成交额绝对数值差异较大。例如，北京 2008～2014 年技术市场成交额度在 800 亿～3000 亿元水平，上海只有 300 亿～500 亿元水平，海南只有 0.5 亿～3 亿元水平。因此，此处对技术市场成交额进行对数化处理以降低波动趋势。我国 31 个省份中，只有西藏没有这一数值统计，按照技术市场成交额为零纳入分析，不再进行对数化处理。

具体的，我们选用如下一组指标：文化创意产业技术效率用 *eff* 表示；规制分值用 *reg* 表示，事业单位与企业单位数量（万家）总和用 *com* 表示，文化创意类企业单位数量与事业单位数量的比值用 *pro* 表示；为考察规制、竞争与技术效率的非线性关系，分别引入平方项 reg^2、com^2；规制与竞争的交叉项用 *rc* 表示，规制与产权的交叉项用 *rp* 表示，竞争与产权的交叉项用 *cp* 表示；地区经济生产总值（亿元）用 GDP 表示，产业区位熵用 *LQ* 表示，技术市场成交额（万元）用 *tec* 表示；时间用 *t* 表示。其中地区经济生产总值 GDP 和技术市场成交额 *tec* 进行了对数化处理。其中文化创意产业技术效率（*eff*）是被解释变量，其他 10 个指标是解释变量；时间跨度和规制数据保持一致，取 2008 ~ 2014 年。

6.1.2　描述性统计分析

对研究变量的具体说明如下：

（1）该面板数据为不平衡面板数据，这是由于估算效率趋势时剔除了异常值所导致的。

（2）该面板数据的时间跨度只有 7 年，而样本省份有 31 个，因此是短面板。

（3）由于解释变量中引入了市场化改革的交叉项，为了使预测结果更为精确，要先对规制、竞争和产权数据进行中心化处理，再以中心化处理后的变量两两乘积为交叉项。

将变量统一保留四位小数，使用 Stata 14.0 进行统计性检验，结果如表 6 - 1 所示。可以看出，需重点讨论的市场化因素和作为背景的环境因素在取值范围上均存在较大的差异性，规制（ - 12.7448，3.6552）、竞争（ - 0.7495，1.3213）、产权（ - 92.8514，258.7409）；产值的对数化形式（5.9785，11.0425）、区位熵（0.2090，3.5442）、技术水平的对数化形式（0，17.2614）。这种差异性大的全面数据描述性统计分析保障了结果的可信度和解释力度。

表 6 − 1　　　　　　　　　　　研究变量的描述性统计结果

变量	方式	均值	标准差	最小值	最大值	观测值
eff	全部	0.8190	0.0948	0.6079	0.9808	199
	组间		0.0924	0.6877	0.9767	31
	组内		0.0319	0.7392	0.8860	6.41935
reg	全部	0.0000241	2.4543	− 12.7448	3.6552	199
	组间		2.3300	− 9.7105	3.0719	31
	组内		0.7598	− 3.0343	3.7157	6.41935
com	全部	− 0.00000151	0.4808	− 0.7495	1.3213	199
	组间		0.4756	− 0.6730	0.8647	31
	组内		0.1265	− 0.2973	0.6475	6.41935
pro	全部	− 0.000037	69.3784	− 92.8514	258.7409	199
	组间		53.7384	− 74.7824	119.4321	31
	组内		43.5596	− 147.6924	158.6158	6.41935
ln*GDP*	全部	9.2805	1.0121	5.9785	11.0425	199
	组间		1.0031	6.3980	10.8060	31
	组内		0.2709	8.7994	9.7229	6.41935
LQ	全部	1.1178	0.4910	0.2090	3.5442	199
	组间		0.4553	0.3793	2.9715	31
	组内		0.1632	0.3773	1.6905	6.41935
ln*tec*	全部	12.5357	2.9189	0	17.2614	199
	组间		2.8349	0	16.7500	31
	组内		0.5468	11.0901	14.0903	6.41935

6.2　模型设计与具体模型选取

6.2.1　模型设计

具体而言，我国文化创意产业技术效率动态演进的影响因素模型形式为：

$$\ln Y_{it} = \alpha_i + \beta_1 \ln L_{it} + \beta_2 \ln K_{it} + v_{it} - \mu_{it} \qquad (6-2)$$

$$eff_{it} = \lambda_0 + \lambda_1 reg_{it} + \lambda_2 com_{it} + \lambda_3 pro_{it} + \lambda_4 reg_{it}^2 + \lambda_5 com_{it}^2$$

$$+ \lambda_6 reg_{it} com_{it} + \lambda_7 reg_{it} pro_{it} + \lambda_8 com_{it} pro_{it} + \gamma_1 GDP_{it} + \gamma_2 LQ_{it}$$

$$+ \gamma_3 tec_{it} + \gamma_4 t + \varepsilon_{it} \qquad (6-3)$$

在模型（6-2）的基础上，将市场化改革因素纳入技术效率 eff_{it}，由于研究范围是我国 31 个省份，因此构建考虑效率影响因素的异质性面板数据固定效应随机前沿模型（6-3），对市场化改革条件下各省份文化创意产业技术效率的影响因素、平方项与交叉项的影响程度进行系统检验。通过模型（6-3）对系数 λ_i 和 γ_i 的估计，当系数显著时，表明所探讨的市场化影响因素或控制因素与文化创意产业技术效率呈显著的影响关系，再根据系数符号判定政府规制、市场竞争和企业单位数量与事业单位数量的比值对于我国区域文化创意产业动态演进趋势的具体影响，从而回答假设 2 ~ 假设 5。

6.2.2　回归模型选取

在进行对文化创意产业的影响因素分析研究之前，应先从固定效应模型、随机效应模型和混合回归模型中选择正确的回归模型。

固定效应模型适用于各独立研究间无差异，或差异较小的研究，应用前提是假定全部研究结果的方向与效应大小基本相同；而随机效应则指样本从一个很大的母体抽取，各省份的期望（均值）相同，个体差异随机。

由于本研究的样本包含了全国 31 个省份，属于全样本分析，因此理论角度倾向于采用固定效应模型。但从数据角度来看，也需要考虑每个省份的情况不同，是否存在个体差异。

先将固定效应模型和混合回归模型进行比较，原假设设定为 "H_0: all $u_i = 0$"，如原假设被拒绝，则认为每个省份存在自己的截距项。在 LSDV 检验和一阶差分检验中，LSDV 检验中有 15 个省份通过了 5% 的显著性检验，而一阶差分法的 P 值为 0（$F(1, 30) = 555.49$ 且 Prob > F = 0.0000），这说明固定效应回归模型优于混合回归模型。

由于文化创意产业技术效率水平随时间趋势递减，因此，本研究在固定效应模型中考虑时间效应，即双向固定效应，并定义年度虚拟变量，将 2008 年作为基期，发现所有年度的虚拟变量均显著，说明应在固定效应模型中考虑时间效应，年度虚拟变量回归及检验结果如表 6 – 2 所示。

表 6 – 2　　　　　　　　　　固定效应下年度虚拟变量结果

年份	固定效应回归的虚拟变量				联合显著性
	系数	标准误	t 值	P > |t|	
2009	– 0.0136	0.0069	– 1.98	0.057	0
2010	– 0.0431	0.0159	– 2.72	0.011	0
2011	– 0.0752	0.0256	– 2.93	0.006	0
2012	– 0.1005	0.0312	– 3.22	0.003	0
2013	– 0.1233	0.0361	– 3.42	0.002	0
2014	– 0.1501	0.0396	– 3.79	0.001	0
$F(6, 30) = 18.41$；$\text{Prob} > F = 0.0000$					

注：变量数据结果冗长且不重要，因此未汇报。

固定效应模型检验基本确定了个体效应的存在，然而个体效应也可以是随机效应，因此再采用随机效应模型进行检验。设定原假设为"$H_0 : \sigma_u^2 = 0$"，如拒绝原假设，说明模型中应存在一个反映个体特性的随机扰动项，不应进行混合回归。在 LM 检验和 MLE 检验中，LM 检验结果（$\text{Var}(u) = 0$；$\text{chibar2}(01) = 283.99$；$\text{Prob} > \text{chibar2} = 0.0000$）和 MLE 检验结果（LR test of $\text{sigma\_u} = 0$；$\text{chibar2}(01) = 417.83$；$\text{Prob} >= \text{chibar2} = 0.000$）均表明，"不存在个体效应"的原假设被拒绝，认为随机效应模型与混合回归模型相比较，应选择随机效应模型。

由于模型数据存在部分剔除，数据为非平衡面板，此时传统的豪斯曼检验不适用，本研究采用过度识别检验衡量固定效应模型与随机效应模型的优劣。原假设为"$H_0 : \gamma = 0$"，指在 H_0 成立情况下，随机效应最优。聚类稳健

标准误的检验结果表明，Sargan – Hansen 统计中，卡方（11）值为 57. 335，
P-value = 0. 0000，强烈拒绝随机效应，最终选择固定效应进行分析。

综上所述，本章在研究文化创意产业效率的影响因素分析中，应采用引
入时间效应的双向固定效应模型进行研究。

6.3　影响因素分析

6.3.1　双向固定效应回归结果

本部分选择固定效应模型，引入时间趋势 t，按照"组间异方差、组间
同期相关"稳健的标准误差，对省际面板数据进行估计，结果如表 6 – 3
所示。

表 6 – 3　　　　　省域文化创意产业技术效率的影响因素回归结果

变量名称		修正前			修正后		
		系数	Z 统计量	P > |Z|	系数	Z 统计量	P > |Z|
解释变量	reg	0. 0031387	2. 59	0. 010 ***	0. 0033617	2. 85	0. 004 ***
	com	0. 0187665	2. 94	0. 003 ***	0. 0183401	2. 94	0. 003 ***
	pro	0. 0000366	4. 7	0. 000 ***	0. 0000371	5. 73	0. 000 ***
	reg^2	− 0. 0002701	− 2. 89	0. 004 ***	− 0. 0002877	− 6. 14	0. 000 ***
	com^2	− 0. 0094218	− 2. 68	0. 007 ***	− 0. 0114587	− 3. 09	0. 002 ***
	$reg \times com$	− 0. 0005752	− 0. 39	0. 695	—	—	—
	$reg \times pro$	0. 0000009	0. 1	0. 924	—	—	—
	$com \times pro$	− 0. 0000363	− 1. 29	0. 198	—	—	—

续表

变量名称		修正前			修正后		
		系数	Z统计量	P > |Z|	系数	Z统计量	P > |Z|
控制变量	lnGDP	0.0777054	5.05	0.000 ***	0.0786616	5.07	0.000 ***
	LQ	− 0.0106229	− 3.5	0.000 ***	− 0.0105690	− 3.44	0.001 ***
	lntec	− 0.0045022	− 3.47	0.001 ***	− 0.0046603	− 3.47	0.001 ***
截距项		0.1487889	1.19	0.235	0.1435907	1.13	0.257
时间（t）		− 0.0234751	− 11.42	0.000 ***	− 0.0235621	− 11.37	0.000 ***
省份	北京	—	—	—	—	—	—
	天津	0.0045396	0.63	0.526	0.0030699	0.49	0.627
	河北	− 0.0849335	− 7.32	0.000 ***	− 0.0868089	− 7.24	0.000 ***
	山西	0.0136991	2.27	0.023 **	0.0120344	1.79	0.074 *
	内蒙古	0.0215255	4.1	0.000 ***	0.0200771	3.4	0.001 ***
	辽宁	0.0072576	0.81	0.415	0.0047883	0.5	0.617
	吉林	0.0522917	9.68	0.000 ***	0.0512204	8.51	0.000 ***
	黑龙江	0.0815382	15.4	0.000 ***	0.0802187	13.35	0.000 ***
	上海	0.2268602	33	0.000 ***	0.2251314	32.73	0.000 ***
	江苏	0.0560858	2.62	0.009 ***	0.0522704	2.43	0.015 **
	浙江	0.0525141	3.37	0.001 ***	0.0496110	3.14	0.002 ***
	安徽	0.0631973	11.57	0.000 ***	0.0603425	9.94	0.000 ***
	福建	0.2129115	28.5	0.000 ***	0.2105362	26.29	0.000 ***
	江西	0.0841748	16.92	0.000 ***	0.0825726	14.04	0.000 ***
	山东	− 0.0717959	− 3.46	0.001 ***	− 0.0738054	− 3.48	0.001 ***
	河南	− 0.0430781	− 3.2	0.001 ***	− 0.0446962	− 3.22	0.001 ***
	湖北	0.1235256	15.52	0.000 ***	0.1219619	14.58	0.000 ***
	湖南	0.1504344	15.66	0.000 ***	0.1497305	15.22	0.000 ***
	广东	0.0925459	4.16	0.000 ***	0.0893086	3.98	0.000 ***
	广西	0.1746025	26.35	0.000 ***	0.1727427	23.22	0.000 ***
	海南	0.3762514	14.21	0.000 ***	0.3759042	13.98	0.000 ***
	重庆	0.2353062	32.17	0.000 ***	0.2346143	30.22	0.000 ***

续表

变量名称		修正前			修正后		
		系数	Z统计量	P > |Z|	系数	Z统计量	P > |Z|
省份	四川	0.0883119	9.09	0.000 ***	0.0864428	8.49	0.000 ***
	贵州	0.2434442	18.59	0.000 ***	0.2429485	18.14	0.000 ***
	云南	0.0478102	6.04	0.000 ***	0.0468636	5.43	0.000 ***
	西藏	0.2811459	6.14	0.000 ***	0.2801011	5.95	0.000 ***
	陕西	0.1231809	27.48	0.000 ***	0.1214146	25.12	0.000 ***
	甘肃	0.1311192	7.69	0.000 ***	0.1298991	7.46	0.000 ***
	青海	0.3828494	11.16	0.000 ***	0.3825270	11.01	0.000 ***
	宁夏	0.3662818	12.09	0.000 ***	0.3676235	12.04	0.000 ***
	新疆	0.0309307	2.81	0.005 ***	0.0301554	2.6	0.009 ***
R – squared		0.9852			0.9852		
Wald chi2 (14)		92925.06			13664.29		
Prob > chi2		0.0000			0.0000		

注：*** 、** 、* 分别表示通过显著水平为1%、5%、10%的Z检验。

由表6-3可看出，R^2和沃尔德检验值均很高，模型整体通过检验。在全国的31个省份的时间趋势变量考察中（由于是虚拟变量，需要舍去一个省份，软件自动剔除了最上方的北京），有28个省份的虚拟变量均显著。其中26个省份在1%水平上通过了显著性检验，江苏在5%水平上通过了显著性检验，山西在10%水平上通过了显著性检验，天津、辽宁未通过显著性检验，说明固定效应确实存在。

在本研究讨论的影响因素中，规制、竞争、产权、规制的平方项、竞争的平方项、经济、集聚、技术、时间均在1%水平上通过了显著性检验，截距项和交叉项均未通过显著性检验。

其中：规制、竞争、产权为正向影响，规制的平方项、竞争的平方项系数为负，说明存在最优值；经济为正向影响，集聚、技术、时间为反向影响。

6.3.2 回归结果分析

1. 规制。

规制与文化创意产业技术效率呈正向显著相关关系，规制分数高说明规制程度低。规制每放松（收紧）1 个百分点，文化创意产业技术效率就上升（下降）0.0033617%，并在 1% 的水平上显著。这说明普适性规制手段对具体产业的针对性不足，减少普适性规制的市场化改革手段对文化创意产业技术效率的提升具有显著的推动作用，假设 2 检验通过。

结合规制的平方项来看，规制的平方项系数在 1% 的显著水平上为负（-0.0002877），说明规制对于文化创意产业技术效率的影响是一条倒 U 形曲线，如图 6-6 所示。

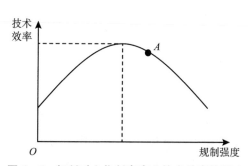

图 6-6 规制对文化创意产业技术效率的影响

图 6-6 反映了规制对文化创意产业技术效率的影响。为便于理解，我们将规制强度变大作为正方向。在文化创意企业进入市场，获取利润的过程中，缺乏内部的自我约束机制，需要政府规制规范市场秩序，避免市场失灵，提高产业技术效率，倒 U 形曲线的左侧代表了政府规制有效的区间；而当规制强度过大时，文化创意类企业在价格、进入、投资、服务等方面均受到限制，企业在经营中的自主选择权不足，市场"看不见的手"的有效性被制约，产

业技术效率下降，倒 U 形曲线右侧代表规制失效的区间。图 6-6 上的 A 点，代表了我国文化创意产业中规制强度与技术效率的相对位置，可以看出，该位置的文化创意类企业对应的规制强度过大，企业经营的自主选择能力受限，抑制了企业在产品和服务方面创意创新的主观能动性，影响了企业改进生产工艺流程、提高产品质量和快速响应市场的能力。这也说明在本研究的 2008~2014 年内，政府对于文化创意产业在进入、价格等方面的直接行政、法律监管出现了规制失灵。要改变这一现状需要从两方面入手：一方面，需要有选择的撤销对文化创意产业在价格、进入、投资、服务等方面的限制，使企业进入更为自由的竞争状态；另一方面，将原先较为严格、烦琐、苛刻的规则条款变的较为宽松、开明，类似于将审批制改为备案制等。

王小鲁、樊纲和余静文（2017）对于市场化指数的报告研究指出，政府规制指数在 2008~2014 年间呈倒退趋势，政府对市场的普适性规制愈发严格，并由此带来了市场配置资源的程度下降，政府对企业的干预增加和政府规模扩大一系列不良状况[180]，这也直接导致了文化创意产业的技术效率出现了逐年下行的趋势。

2. 竞争。

竞争与文化创意产业技术效率呈正向显著相关关系，竞争指标是文化创意单位（包括事业单位和企业单位）数量，数值大代表竞争程度高。文化创意单位数量每增加（减少）1 个百分点，文化创意产业技术效率就上升（下降）0.0183401%，并在 1% 的水平上显著。这说明增强竞争强度、增加市场内企业数量可以有效带动创新，削减企业间的同质化趋势，市场竞争对文化创意产业技术效率的提升具有显著的推动作用，假设 3 检验通过。

结合竞争的平方项看，竞争的的平方项系数在 1% 的显著水平上为负（-0.0114587），说明竞争对于文化创意产业技术效率的影响也是一条倒 U 形曲线，如图 6-7 所示。

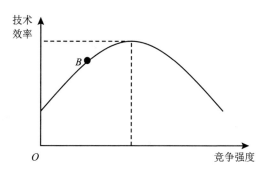

图 6 - 7　竞争对文化创意产业技术效率的影响

图 6 - 7 反映了竞争对文化创意产业技术效率的影响，我们将竞争强度变大作为正方向。倒 U 形曲线说明，我国文化创意单位数量的增加导致市场中产品的创新性超过模仿性，而创新性为市场带来了必要的超额利润，竞争强度的增加可以有效提高文化创意产业的技术效率，倒 U 形曲线左侧代表竞争强度增加有效的区间；当竞争强度持续增加，我国文化创意产业对于知识产权保护不足的弊病就会逐渐显现，相互模仿的同质化竞争逐渐增加，当文化创意产品的创新性相对模仿性较少时，竞争强度的增加就会有效降低文化创意产业的技术效率，倒 U 形曲线右侧代表竞争强度增加无效的区间。图 6 - 7 上的 B 点，代表了我国文化创意产业中竞争强度与技术效率的相对位置，可以看出，该位置对应的文化创意产业竞争强度仍略显不足，文化创意类企业在经营过程中缺少来自产业内其他企业的竞争挑战，企业在改进生产工艺流程、提高产品质量和快速响应市场等方面不够迫切，企业经营的主观能动性没有得到有效发挥。

斯塔克伯格的扩展模型说明，文化创意产业的投入资本提高会带来产业内企业数量的逐渐固化，而现实中用以代表我国文化创意产业的"纯文化"产业内的企业数量也确实略有下行，文化创意产业的竞争强度下降，必然导致文化创意产品中的创新性更加不足，模仿性逐渐占据优势地位，竞争强度下降会带来技术效率的不断下行。这也正是我国文化创意产业发展所面对的现实问题。

3. 产权。

产权与文化创意产业技术效率呈正向显著相关关系，产权指标是企业单位与事业单位数量的比值，数值越大代表市场中企业的比重越高。该比值每上升（下降）1 个百分点，文化创意产业技术效率就上升（下降）0.0000371%，并在 1% 的水平上显著。这说明企业单位比例的提高对文化创意产业技术效率的提升具有显著的正向推动作用，假设 4 检验通过。

我国文化创意产业所有制改革的做法很好地印证了弗鲁博顿（2012）[169]的产权思想，即通过调整"可避免的"约束条件，对文化创意产业进行产权改革。在我国文化创意产权改革的历程中，文化创意类企业从国有产权逐渐变更为国家拥有大部分股权的股份制企业，再逐渐变更为私有产权下的股份制企业；从市场主体是大中型文化创意企业，逐渐变更为市场主体是以中小型文化创意企业为主的企业集群；从国家规定的垄断性文化事业单位，逐渐变更为垄断竞争下的文化创意产业，正向显著影响了文化创意产业的技术效率。时至今日，我国文化创意产业的转企改制仍在继续深化进行，会持续对文化创意产业的技术效率构成正向影响，但由于我国文化创意产业主体的转企改制已于 2012 年全面完成，因此文化创意类企业单位数量与事业单位数量的比值对文化创意产业技术效率的正向影响较弱。

4. 控制变量。

经济、集聚、技术均与文化创意产业技术效率在 1% 的水平上显著。其中，经济与文化创意产业技术效率呈正向显著相关关系（0.0786616），集聚与文化创意产业技术效率呈反向显著相关关系（-0.0105690），技术与文化创意产业技术效率呈反向显著相关关系（-0.0046603）。

经济与文化创意产业技术效率互相促进已经得到了许多学者的论证，此处不再赘述。产业集聚和技术进步均有效推动产业发展，促进文化创意产业融合，但由于文化创意产业融合的结果是规模变大，与技术融合进入瓶颈，技术效率趋势下降。因此集聚和技术出现了与文化创意产业技术效率的反向显著关系。

综上所述，在现有的文化创意产业技术效率水平上，放松政府的普适性规制、鼓励文化创意单位提高创新性竞争强度和明晰产权均可有效改善技术效率，这说明市场化改革在提高我国文化创意产业技术效率方面起到了重要的作用。市场化改革中主要变量的两两交叉项均未通过显著性检验，说明政府普适性规制、文化创意单位数量和文化创意类企业单位数量与事业单位数量的比值等三项解释变量的独立性强。规制、竞争、产权两两间的共同作用对文化创意产业的技术效率影响不显著，假设 5 检验未通过。

6.4 我国东、中、西部地区的异质性分析

国家发改委从政策角度对我国东、中、西部地区进行划分，东部地区的11 个省份最早实行沿海开放政策，且经济发展水平较高；中部地区的 8 个省份经济不如东部地区，属于经济次发达地区；而西部地区的 12 个省份则是指经济欠发达地区。

在分析不同部分省份影响文化创意产业技术效率的主要因素时，我们仍沿用本章的工具变量和回归方法，以保持整体逻辑的一致性。

6.4.1 东部地区

东部地区包括北京、天津、河北、辽宁、上海、江苏、浙江、福建、山东、广东、海南等经济发展水平较高的 11 个省份，这 11 个省份除我国首都北京之外全部位于沿海地区，在沿海开放政策的背景下具有得天独厚的经济发展优势。

东部地区文化创意产业技术效率影响因素的回归结果如表 6 - 4 所示。

表 6 – 4　　　　　东部地区文化创意产业技术效率影响因素回归结果

变量名称		系数	Z 统计量	P > |Z|
解释变量	reg	0.0166598	2.66	0.008 ***
	com	− 0.0632968	− 3.31	0.001 ***
	pro	0.0002216	3.44	0.001 ***
	reg^2	− 0.0059650	− 2.97	0.003 ***
	com^2	0.0289905	2.82	0.005 ***
控制变量	lnGDP	0.1023094	4.95	0.000 ***
	LQ	0.0207441	1.97	0.049 **
	lntec	− 0.0109062	− 1.92	0.055 *
截距项		− 0.0371911	− 0.2	0.843
时间 （t）		− 0.0282628	− 9.19	0.000 ***
R – squared		0.9881		
Wald chi2 （14）		684407.3		
Prob > chi2		0.0000		

注：*** 、** 、* 分别表示通过显著水平为 1%、5%、10% 的 Z 检验。

由表 6 – 4 可看出，模型的 R^2 和沃尔德检验值均很高，P 值为 0，整体通过检验。东部地区文化创意产业技术效率影响因素检验的主要结论包括：

（1）东部地区规制对文化创意产业的技术效率造成正向影响。东部经济发达省份的普适性规制每放松（收紧）1 个百分点，文化创意产业技术效率就上升（下降）0.0166598%，并在 1% 的水平上显著，说明放松普适性规制对东部地区文化创意产业技术效率的提升具有显著的推动作用。与全国平均情况（0.0033617%）相比，东部地区放松规制的技术效率改进效果更好。

（2）东部地区产权对文化创意产业的技术效率造成正向影响。东部经济发达省份的文化创意类企业单位数量与事业单位数量的比值每上升（下降）1 个百分点，文化创意产业技术效率就上升（下降）0.0002216%，并在1%的水平上显著，说明事业单位的转企改制对东部地区文化创意产业技术效率的提升具有显著的推动作用。与全国平均情况（0.0000371%）相比，东部地区增加企业单位数量与事业单位数量比值的技术效率改进效果更好，也说明相对于全国平均水平，东部地区文化创意单位转企改制的效果更好。

（3）东部地区竞争对文化创意产业的技术效率造成反向影响。东部经济发达省份竞争强度每增加（减少）1个百分点，文化创意产业的技术效率下降（上升）0.0632968%，并在1%的水平上显著。结合竞争的平方项看，竞争的的平方项系数在1%的显著水平上为正（0.0289905），说明竞争对于文化创意产业技术效率的影响是一条U形曲线，如图6-8所示。

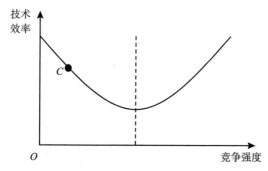

图6-8　东部地区省份竞争对文化创意产业技术效率的影响

图6-8反映了我国东部地区的竞争对文化创意产业技术效率的影响。U形曲线左侧代表竞争强度增加无效的区间，区间内文化创意单位数量的增加导致市场中的模仿性超过创新性，模仿带来的同质化竞争逐渐减少了市场中的超额利润，竞争强度的增加必然减少产业技术效率。U形曲线右侧代表竞争强度增加有效的区间，当文化创意市场上超额利润逐渐消亡时，市场对于创意创新的需求更加强烈，当新的创意创新出现时，竞争强度的增加又会带来技术效率的上升。图6-8上的C点，代表了我国东部地区文化创意产业中竞争强度与技术效率的相对位置。由于我国东部地区的文化创意产业单位数

量变动趋势仍为略有下行，文化创意产业的竞争强度逐渐下降，在竞争强度与技术效率的相对位置中，竞争强度的下降体现为产品创新性的逐渐增加和模仿性的逐渐减少，技术效率逐步上升。这反映出我国发达地区的同质化竞争困境正在逐渐消除。

（4）在竞争与文化创意产业技术效率的关系结论中，全国与东部地区的结果存在显著差异，我们认为这是由于在文化创意发展中，我国整体的产业阶段和东部经济发达省区的产业阶段所不一致而导致的。

对比图6－7和图6－8模型图像的差异性，一种可能的解释如图6－9所示。

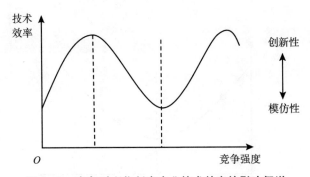

图6－9　竞争对文化创意产业技术效率的影响假说

关于竞争对文化创意产业技术效率的影响假说逻辑如下：

（1）第一次技术效率上升阶段。文化创意市场中企业的某个创意出现，占据了市场的领袖地位，并由此引发了在这种创意创新方向的大量创新活动。在此过程中，市场中企业数量变化带来的市场创新性高于模仿性，超额利润增加，产业技术效率上升。

（2）第一次技术效率下降阶段。当引发了创新性竞争的创意方向潜力被逐渐挖掘殆尽时，市场中的创新性竞争逐渐减少，同质性模仿逐渐增加，出现了倒U形曲线的拐点；而后同质性模仿继续增加，超额理论逐渐下降至只剩余经济利润。在此过程中，产业技术效率持续下降。

（3）第二次技术效率上升阶段。超额利润的消失促使市场产生改变，新的创意方向得以发掘，市场出现了新的创意性竞争，当新的创意性竞争高于现存的同质化竞争时，U 形曲线的拐点出现，引发了新一轮的技术效率上涨。

综上所述，我国东部地区的文化创意产业仍需继续大力推行市场化改革的相关措施。沿海省份相较于内陆省份而言，受到的外来文化冲击更多更早，相对放松的规制和开放的外部环境更有利于中外优秀文化的融合发展，从而提高文化创意产业的技术效率水平。以迪士尼乐园落户中国上海为例：动漫帝国华特迪士尼进驻上海，必然导致中国的动漫企业直接与国际动漫的文化、理念、模式相接轨，国内动漫格局短期必然产生调整，但是长期则会带动我国原创动漫的成长和动漫市场的发展。在这种外来文化创意的冲击下，我国文化创意产业的企业单位比例也迫切需要进一步的提高，进而促进东部地区文化创意产业技术效率水平的提高。由于东部地区多为经济发达地区，各地的文化需求和文化创意产品供给较为相似，特别是近些年物流与电子信息的快速发展进一步促进了各地文化创意产业的相似特征，东部地区某一省份的文化创意产业不仅受到其他地区外来文化冲击，同时也受到东部地区其他省份的文化冲击，在不完全竞争市场中，产品的差异性逐渐缩小，产业同构开始增加，同质化的竞争强度增加必然导致东部地区文化创意产业技术效率水平的下降。

6.4.2 西部地区

西部地区包括重庆、四川、贵州、广西、内蒙古、云南、西藏、陕西、甘肃、青海、宁夏、新疆等经济欠发达的 12 个省份，少数民族人口占到全国少数民族总人口的 70% 以上，原创性少数民族文化创意丰富，地区间文化差异较大。

西部地区文化创意产业技术效率影响因素的回归结果如表 6-5 所示。

表 6 – 5　　　　　西部地区文化创意产业技术效率影响因素回归结果

变量名称		修正前			修正后		
		系数	Z统计量	P > ｜Z｜	系数	Z统计量	P > ｜Z｜
解释变量	reg	0.0063632	1.9	0.057 *	0.0090081	6.42	0.000 ***
	com	0.0305150	1.59	0.112	0.0206153	1.89	0.058 *
	pro	0.0000519	1.71	0.088 *	0.0000602	1.84	0.065 *
	reg^2	−0.0002188	−1.31	0.189	—	—	—
	com^2	−0.0082566	−1.02	0.306	—	—	—
控制变量	lnGDP	0.0472531	1.57	0.116	—	—	—
	LQ	−0.0177742	−3.46	0.001 ***	−0.0135233	−3.43	0.001 ***
	lntec	−0.0014314	−0.45	0.653	—	—	—
截距项		0.4103822	1.64	0.102	0.8121357	123.16	0.000 ***
时间（t）		−0.0173044	−4.34	0.000 ***	−0.0106337	−9.75	0.000 ***
R – squared		0.9891			0.9882		
Wald chi2（14）		2002476.27			1245777.63		
Prob > chi2		0.0000			0.0000		

注：***、**、*分别表示通过显著水平为1%、5%、10%的Z检验。

由表 6 – 5 可看出，模型的 R^2 和沃尔德检验值均很高，P 值为 0，整体通过检验，并除去不显著的变量进行修正。西部地区文化创意产业技术效率影响因素检验的主要结论包括：

（1）西部地区规制对文化创意产业的技术效率造成正向影响。西部经济欠发达省份的普适性规制每放松 1 个百分点，文化创意产业技术效率就上升0.0090081%，并在 1% 的水平上显著，说明放松规制对西部地区文化创意产业技术效率的提升具有显著的推动作用。与全国平均情况（0.0033617%）相比，西部地区放松规制的技术效率改进效果更好。西部地区存在多个少数民族省份，文化情况相对复杂，政府的普适性管制必然难以适应多样的文化创意发展方式，适当放松规制或制定更多的激励性规制会使文化创意产业技术效率更优。

（2）西部地区竞争对文化创意产业的技术效率造成正向影响。西部经济欠发达省份文化创意市场的竞争强度每增加 1 个百分点，文化创意产业的技术效率上升 0.0206153%，并在 1% 的水平上显著，这说明我国西部地区文化创意产业的创新性竞争仍然较同质性竞争更多，但也可能是西部地区文化创意类单位偏少，竞争强度相对不足所导致的。与全国平均情况（0.0183401%）相比，西部地区增加竞争的技术效率改进效果更好。

（3）西部地区产权对文化创意产业的技术效率造成正向影响。西部经济欠发达省份文化创意市场的产权企业比每增加 1 个百分点，文化创意产业的技术效率上升 0.0000602%，并在 1% 的水平上显著，说明转企改制对西部地区文化创意产业技术效率的提升具有显著的推动作用。与全国平均情况（0.0000371%）相比，西部地区文化创意产业转企改制的技术效率改进效果更好。

综上所述，我国西部地区的文化创意产业亟须继续大力推行市场化改革的相关措施。多民族地区相较于其他地区而言，地区间文化创意产品和服务的异质性极强，不同地区的文化创意产业也必然带来不同的文化体验。例如：西藏地区的代表性文化是宗教文化——藏传佛教文化，其载体是位于拉萨的大小寺庙（布达拉宫、拉萨三大寺和大小昭寺等）以及由此衍生出的雕塑、壁画、唐卡、石刻和酥油、糌粑等民俗文化；陕西地区的代表性文化是周秦汉唐文化，其载体是兵马俑、古城墙、大雁塔、华清池等历史人文景观；广西地区的代表性文化是壮族、瑶族、侗族等少数民族的歌唱文化，重要载体之一是以桂林漓江两公里水域为舞台的《印象·刘三姐》大型山水实景演出；而云南地区的民族文化则更为纷乱复杂，拥有纳西族的东巴文化、大理的白族文化、傣族的贝叶文化、彝族的贝玛文化等多个少数民族文化及其衍生出的泼水节、刀杆节、插花节、火把节、木鼓节等多样的民俗文化表达方式。

由于西部地区省份间民族文化差异较大，整体性"一刀切"的经济性规制效果必然极差，适度放松规制或因地制宜采用激励性规制有利于西部地区各省份的文化创意产业根据自身特色进行发展，并提高西部文化创意产业的整体技术效率。由于西部各省份的文化创意产业多依托于自身民族文化，这就保证了不完全竞争市场中产品的差异性和创新性，因此竞争强度的增加也会导致西部地区文化创意产业技术效率水平的显著提高。企业单位数量与事业单位数量的比值的提高导致西部地区文化创意产业产权更加清晰，对西部地区文化创意产业技术效率水平同样具有一定的促进作用。

6.4.3 中部地区

中部地区包括山西、吉林、黑龙江、安徽、河南、湖北、湖南、江西等经济次发达的 8 个省份。从经济发展角度来看，中部地区既不存在类似于东部地区的沿海开放优势，又没有类似西部大开发的经济优惠政策；从文化创意产业发展角度来看，中部地区受到的外部文化冲击相较于东部地区更少更慢，而自身的民俗文化又较为统一。因此，中部地区在经济增长和文化创意产业发展方面均存在一定的困难与障碍。

中部地区文化创意产业技术效率影响因素的回归结果如表 6-6 所示。

表 6-6　　　中部地区文化创意产业技术效率影响因素回归结果

变量名称		修正前			修正后		
		系数	Z 统计量	P > |Z|	系数	Z 统计量	P > |Z|
解释变量	reg	0.0003520	0.09	0.926	—	—	—
	com	-0.0068787	-0.68	0.496	—	—	—
	pro	-0.0000084	-0.66	0.511	—	—	—
	reg^2	0.0019261	0.79	0.431	—	—	—
	com^2	-0.0672457	-2.6	0.009 ***	-0.0760138	-3.86	0.000 ***
控制变量	$\ln GDP$	0.0707994	3.66	0.000 ***	0.0544883	5.36	0.000 ***
	LQ	0.0054280	0.41	0.682	—	—	—
	$\ln tec$	0.0076679	2.61	0.009 ***	0.0074647	2.43	0.015 **

续表

变量名称	修正前			修正后		
	系数	Z 统计量	P > │Z│	系数	Z 统计量	P > │Z│
截距项	0.0637737	0.35	0.726	0.2197241	2.51	0.012 **
时间（t）	− 0.0274126	− 10.43	0.000 ***	− 0.0258110	− 17.7	0.000 ***
R − squared	0.9931			0.9927		
Wald chi2（14）	78200000			756530.51		
Prob > chi2	0.0000			0.0000		

注：***、**、* 分别表示通过显著水平为 1%、5%、10% 的 Z 检验。

模型的 R^2 和沃尔德检验值均很高，P 值为 0，整体通过检验，并除去不显著的变量进行修正。中部地区文化创意产业技术效率影响因素检验的主要结论包括：

（1）中部经济欠发达省份的规制、竞争和产权与文化创意产业的技术效率均不构成显著影响关系。

（2）从控制变量中可以看出，经济增长与技术进步是中部地区文化创意产业技术效率提高的主因。

中部地区市场化改革影响因素与文化创意产业的技术效率不构成显著影响关系的原因和我国文化创意产业技术效率水平"中部凹陷"的原因相似，均是由于我国中部地区文化创意产业发展的创意来源主要来自自身的文化，受外来文化冲击的影响较东部地区更弱，受民族文化冲击的影响较西部地区更弱所导致的。市场化影响因素均不显著说明，中部地区的政府在市场化改革过程中，并没有将文化创意产业作为着重发展的产业进行考虑，中部地区的文化创意产业只是随着经济发展和技术进步逐渐发展。

这一点从历年文化创意政策的数量中也有所体现。在 2006～2016 的 11 年间，我国东部地区共发布文化创意政策 315 条，省均发布 28.64 条；中部地区共发布文化创意政策 161 条，省均发布 20.13 条；西部地区共发布文化创意政策 222 条，省均发布 18.5 条。如果中部地区减去历史文化资源较为丰富的河南的29条，则省均只有18.85条，同西部地区相仿，但这一政策数量显然同中部地区的经济发展程度不匹配，如果中部地区政府认为发展文化创意产业亟为重要，则需要在经济实体中发布更多的文化创意政策。我们进一步将文化创意政策进行分类，将"公共文化服务、非物质文化遗产、文物相关"设定为事业类文化创意政策，将"文化体制改革、文化产业发展、文化市场管理、文化经济政策、文化发展规划、文化融合、知识产权和其他细分文化创意产业政策"设定为产业类文化创意政策。可以看出，东、中、西部地区事业类文化创意产业政策数量大同小异，东、中、西部地区省均数量分别为10.13、10和9.16；但东部地区产业类文化创意政策则明显高于我国中、西部地区，按东、中、西部地区分别为18.09、9.64和9.33。我国东部地区对文化创意产业发展更为重视，其政策制定也更加细化，针对具体细分文化创意产业和知识产权的政策数量达到49条；西部地区稍逊，也有23条；中部地区最少，只有12条。

东、中、西部地区的异质性分析表明，东、中、西部地区对文化创意产业技术效率的主要影响因素和影响方向均存在一定的差异。除此之外，文化创意产业技术效率随时序衰变最快的是我国的东部地区（-0.0282628），中部地区紧随其后（-0.0258110），西部地区（-0.0106337）衰变的速度最慢。

6.5　本章小结

本章沿用柯布—道格拉斯生产函数，在我国文化创意产业技术效率测算和动态演进的分析基础上，讨论市场化改革因素（规制、竞争、产权）对我国文化创意产业技术效率的影响方向和强度。

（1）按照文化创意产业影响因素内在的逻辑性，选取了政府与市场的关系、文化创意类单位数量和文化创意类企业单位数量与事业单位数量的比值分别对规制、竞争和产权进行描述。平均而言，我国政府与市场关系逐年更为紧张，普适性规制过多限制了具体产业的市场化趋势；文化创意产业的省内竞争水平呈现下降趋势，在一定程度上说明文化创意产业的产业竞争状况及用户特点经一段时间发展后已比较明朗，企业进入壁垒提高，产业由初创期跨入成长期；文化创意产业整体的企业比例极高，和 2012 年我国全面完成了国有经营性文化单位转企改制任务可以相互印证。

（2）文化创意产业的市场化改革显著提升了技术效率，市场化变量和控制变量等均对文化创意产业技术效率的提升具有显著影响。在双向固定效应回归分析中，模型总体拟合程度较高，各个变量的估计参数均通过了显著性检验。其中：规制、竞争、产权为正向影响，规制和竞争均存在最优值，呈现出倒 U 形曲线的特征。时间为反向影响，说明全国整体的文化创意产业技术效率出现了一定程度的衰变。

（3）我国东、中、西部地区的异质性分析表明，东、中、西部地区对文化创意产业技术效率的主要影响因素和影响方向均存在一定的差异。东、西部地区与全国情况较为类似，规制、竞争、产权均对文化创意产业技术效率构成显著影响，不同点是东部地区竞争的同质化程度更高，竞争强度的下降会带来文化创意产业技术效率的上升；西部地区竞争的异质化程度更高，竞争强度的提高会带来文化创意产业技术效率的上升；而中部地区的市场化改革手段普遍无效，说明中部地区对文化创意产业发展的重视程度不足。我国东部地区文化创意产业技术效率衰变最快，中部地区紧随其后，西部地区衰变最慢。我国东、中、西部地区的异质性差异有效说明了空间计量分析的重要性，需要进行相应的空间分析对结论再次印证。

第7章

我国文化创意产业技术效率的
空间演进及影响因素分析

当考虑到空间因素时，文化创意产业可以划分为异质性文化创意产业和同质性文化创意产业两种。就异质性文化创意产业而言，文化创意产品的差异化战略导致文化需求愈发旺盛；当区域经济条件成熟时，文化创意产业技术效率较高。不同区域之间的文化创意产业技术效率会相互影响，当一个地区的经济总量增加，经济质量提高，不仅该地区的文化创意产业技术效率会提高，还会带动与其经济相仿地区的文化创意产业技术效率提高，两者的相关性、联动性已被实证分析所证实。但就同构性文化创意产业而言，不同地区的文化创意产业因产业同构而竞争激烈，文化创意产业的技术效率随着同质化竞争的加剧而下降。这说明，不同地区之间差异化的文化创意产业发展方式会提高各地文化创意产业的技术效率，而同质化竞争则会降低各地文化创意产业的技术效率。

7.1 区域收敛性分析

运用随机前沿分析，本研究在不平衡面板数据的基础上计算得出了我国31 个省份的文化创意产业技术效率水平。在空间计量分析中，要求对随机前沿分析中剔除的随机波动过强的点进行补齐。

被剔除的点分为两种：一种是中间的缺失点，补齐方法是取前期和后期的算术平均值；另一种是两端的缺失点，补齐方法是对剩余点进行拟合模拟缺失点位置。数据补齐完成后全国 31 个省份的技术效率趋势如图 7 - 1 所示，省份数量过多因此略去了具体名称。

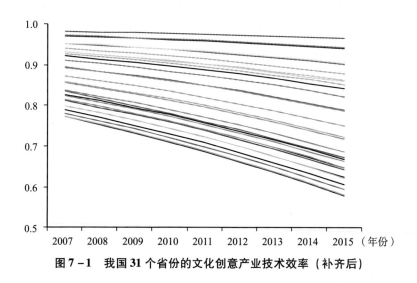

图 7 - 1　我国 31 个省份的文化创意产业技术效率（补齐后）

如图 7 - 1 所示，我国 31 个省份文化创意产业的技术效率在 2007 年聚集在（0.75，1）之间，而后在 2007~2015 年的发展中，各省区的技术效率排序大体保持稳定，但省区之间差距逐步扩大，聚集在（0.55，1）之间，呈现发展趋异的 "马太效应"，假设 6 检验通过。为了进一步探讨 "马太效应" 的形成原因，本研究引入不同前提下的空间权重矩阵，进行进一步的考察。

7.2　空间权重矩阵

构建空间权重矩阵的目的是为了度量不同区域之间的空间距离。本研究将来自我国 31 个省份的空间数据定义为 $\{x_i\}_{i=1}^{31}$，下标 i 表示某个省份 i。将

省份 i 和省份 j 之间的关系记为 w_{ij}，定义"空间权重矩阵"如下：

$$W = \begin{pmatrix} w_{1\ 1} & \cdots & w_{1\ 31} \\ \vdots & \ddots & \vdots \\ w_{31\ 1} & \cdots & w_{31\ 31} \end{pmatrix} \qquad (7-1)$$

其中，主对角线上的元素均等于 0（同一省份自己和自己的关系为 0），主对角线之外 A 省与 B 省的关系和 B 省与 A 省的关系必须一致。因此空间权重矩阵 W 必然为对称矩阵。

在分析不同地区之间的空间关系时，常用的做法一般包括四种，即邻接关系、地理距离关系、经济距离关系以及将某几种关系复合后的复合关系。其中复合关系的结果分析主观因素较强，因此本研究按照第 4 章的机理分析结论，只分别构造邻接矩阵、地理距离矩阵和经济距离矩阵，而对更加复杂的复合关系矩阵不做阐述。

7.2.1 空间邻接矩阵

在空间研究中，最常用的空间关系即邻接关系。如果省份 i 和省份 j 具有共同的边界，则定义 w_{ij} 为 1；反之，如果省份 i 和省份 j 没有共同的边界，则定义 w_{ij} 为 0。

在我国的 31 个省份边界定义中，需要特殊说明的有两点：

（1）如果两个省份之间只有共同的顶点，但没有共同的边，则称作点相邻，或"象相邻"，定义 w_{ij} 为 0。我国的山东省与安徽省，在邻接关系中即视为点相邻，定义空间邻接关系为 0。

（2）如果省份 i 为孤岛，与其他省份均不相邻，就没有存在的意义。我国的海南省位于海南岛，和广东省以琼州海峡相隔。由于海南省与其他 30 个省份都不相邻，但从地理区位来看，与广东省交往密切，故将海南省和广东省的邻接关系定义为 1。

由此，即可定义出我国 31 个省份的空间邻接关系矩阵（见附录 1）[①]。

在考虑各省份邻接关系的平均取值时，通常的处理方式是将空间矩阵进行"行标准化"处理，即将矩阵中的每个元素重新计算，以初始元素值除以所在行的元素之和，保证行元素和为 1，具体如下：

$$w_{ij} = \frac{\tilde{w}_{ij}}{\sum_j \tilde{w}_{ij}} \qquad (7-2)$$

需要注意的是，行标准化后的矩阵不再对称，由于每行元素之和必定为 1，意味着不同省份受邻居的影响之和趋于一致。我国 31 个省份的面积差异大，省界交界长度不同，例如，青海受新疆、西藏、甘肃、四川的影响之和与宁夏受内蒙古、甘肃、陕西的影响之和一定不同。由于不同省份之间的差异性较大，因此"行标准化"的假定并不合适。

7.2.2 空间地理距离矩阵

空间关系的界定中，考察地区间距离也是空间矩阵的一种构成方式。本研究将省份 i 和省份 j 之间的地理距离定义为 d_{ij}。由于省份之间距离越近影响越强，因此，采用省份间距离的倒数作为空间权重，具体如下：

$$w_{ij} = \frac{1}{d_{ij}} \qquad (7-3)$$

在具体操作中，本部分选取了我国 31 个省份省会的经纬度坐标值作为辐射点，如北京（经度 116°28′；纬度 39°54′）、上海（经度 121°29′；纬度 31°14′）、广州（经度 113°15′；纬度 23°08′）。再采用 Haversine 公式使用 MATLAB 工具对两省间的球面距离进行计算，Haversine 公式见（7-4）。

$$haversin\left(\frac{d}{R}\right) = haversin(\varphi_2 - \varphi_1) + \cos(\varphi_1)\cos(\varphi_2)haversin(\Delta\lambda)$$

$$(7-4)$$

[①] 由于空间权重矩阵占用篇幅过大，详见本书附录。

公式（7-4）中，R 代表地区半径，取平均值 6371 公里；φ_1、φ_2 表示两点的纬度，$\Delta\lambda$ 表示两点间的差值。

两省间距离算出后，取倒数即为空间地理矩阵的空间权重。例如，西安市和南京市之间的球面距离为 957.0585 公里，空间矩阵中陕西省和江苏省的空间权重即为 0.001045。

由此，即可定义出我国 31 个省份的空间地理距离关系矩阵（见附录 2）。此处也不再进行行标准化，一是因为行标准化会使偏远省区和中心位置省区具有同等的影响，这和现实不符；二是因为行标准化的做法将导致影响根据距离衰减的解释无效（Anselin，1988；Elhorst，2001）[181,182]。

7.2.3 空间经济距离矩阵

空间关系界定时，对于距离关系还存在其他的解释，例如，可以定义为基于运输成本或旅行时间的经济距离，甚至社交网络距离。此处借鉴了林光平、龙志和和吴梅（2005）的做法，采用不同省区间人均 GDP 的差额衡量地区间的"经济距离"[183]。矩阵主对角线上元素仍均为 0，而非主对角线上的元素被定义为：

$$w_{ij} = \frac{1}{|\overline{y_i} - \overline{y_j}|} \qquad (7-5)$$

由于距离具有唯一性，因此公式（7-5）中，将 $\overline{y_i}$ 定义为我国 2008～2015 年间 i 省的人均 GDP 均值，并由此定义出我国 31 个省份的空间经济距离关系矩阵（见附录 3）。出于与空间地理距离矩阵同样的原因，不采取行标准化。

7.2.4 空间矩阵小结

无论是空间邻接矩阵或空间地理距离矩阵，衡量的均为地理空间上的产业联系。传统的产业集聚依赖地域，而我国文化创意产业的渗透性和融合性决定了文化创意产业依托于传统产业,并在原有产业基础上进行创意提升。因此,文化创意产业技术效率的空间演进过程也同样受到相邻或距离相近地区的影响,技术效率的空间演进必然和地理因素存在关联。

而空间经济距离矩阵衡量的是不同地区间的经济距离。本研究选择了以人均 GDP 差额作为经济距离,是将所有省份放入了一个新的经济空间,在该经济空间内,距离远近取决于人均收入水平的差距。例如:2008~2015 年间,北京人均 GDP 均值约为 8.3214,河北人均 GDP 均值约为 3.2790,上海人均 GDP 均值约为 8.3303。在经济空间关系内,认为北京与上海之间距离远小于北京与河北之间距离,因为北京与上海的人均 GDP 体现了相似的人均收入水平。

省份的人均收入决定了该地区人们的意识形态,继而影响该地区人们的人均消费。历史唯物主义学派中,马克思(1859)将其表述为:"人们在自己生活的社会生产中发生一定的、必然的、不以他们的意志为转移的关系,即同他们的物质生产力的一定发展阶段相适合的生产关系。这些生产关系的总和构成社会的经济结构,即有法律的和政治的上层建筑竖立其上并有一定的社会意识形态与之相适应的现实基础。[184]"

美国心理学家亚伯拉罕·马斯洛(1943)在《人类激励理论》中所提出的马斯洛需求理论可以清晰地说明这一点,他将人类需求从低到高按分为五种层次[185]。具体如图 7-2 所示。

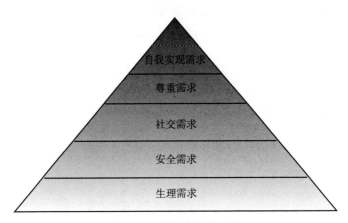

图 7-2 马斯洛需求理论

生理需求、安全需求、社交需求、尊重需求和自我实现需求等五种需求的满足依赖于相应的消费水平基础。如果不同省份的人均收入水平（即经济距离）较大，则两个省份居民的消费需求层次必然存在差异。因此，上海居民需求的文化创意产品、服务和意识形态不只取决于上海一地的文化创意产业，和其经济距离接近的北京、天津的文化创意产业发展也必然潜移默化地影响着上海居民的文化创意产品、服务和意识形态。文化创意产品层次和文化意识形态，上海文化创意产业技术效率的空间演进过程也同样受到相邻或距离相近地区的影响，技术效率的空间演进必然和经济因素也存在关联。

7.3　文化创意产业技术效率的空间相关性检验

在考察我国 31 个省份文化创意产业效率的空间关系时，首先要考察数据的空间相关性，若考察的所有年份均存在空间相关性，空间计量的方法才是有效的。

7.3.1　空间自相关检验方式

常用的空间自相关考察方法包括两种：莫兰指数（Moran's I）和吉尔里指数（Geary's C）（Moran，1950；Geary，1954）[186,187]。

莫兰指数：

$$I = \frac{\sum_{i=1}^{n} \sum_{j=1}^{n} w_{ij}(x_i - \bar{x})(x_j - \bar{x})}{S^2 \sum_{i=1}^{n} \sum_{j=1}^{n} w_{ij}} \qquad (7-6)$$

其中，$S^2 = \dfrac{\sum_{i=1}^{n}(x_i - \bar{x})^2}{n}$ 为样本方差，而 $\sum_{i=1}^{n} \sum_{j=1}^{n} w_{ij}$ 为所有空间权重之和。莫兰指数 I 取值介于 $-1 \sim 1$ 之间，大于 0 表示正相关，即高值与高值相邻，低

值与低值相邻；小于 0 表示负相关，即高值与低值相邻；接近 0 则表示空间分布随机，不存在自相关。

要了解某区域内空间集聚情况，可以使用局部莫兰指数：

$$I_i = \frac{(x_i - \bar{x})}{S^2} \sum_{j=1}^{n} w_{ij}(x_i - \bar{x}) \tag{7-7}$$

吉尔里指数 C：

$$C = \frac{(n-1)\sum_{i=1}^{n}\sum_{j=1}^{n} w_{ij}(x_i - x_j)^2}{2(\sum_{i=1}^{n}\sum_{j=1}^{n} w_{ij})\left[\sum_{i=1}^{n}(x_i - \bar{x})^2\right]} \tag{7-8}$$

吉尔里指数 C 取值一般介于 0 ~ 2 之间，大于 1 说明负相关，小于 1 说明正相关，在 1 附近说明不相关。

莫兰指数 I 与吉尔里指数 C 可以互相验证结果，但是两者都存在共同的检验障碍，即无法说明正相关的原因是源自高值集聚还是低值集聚。因此，产生了可以判定高值集聚或低值集聚的 GO 指数（Getis & Ord's G）（Getis & Ord，1992）[188]，但该指数只能用于非标准化的对称矩阵，且所有元素必须为 0 或 1：

$$G = \frac{\sum_{i=1}^{n}\sum_{j=1}^{n} w_{ij}x_i x_j}{\sum_{i=1}^{n}\sum_{j\neq i}^{n} x_i x_j} \tag{7-9}$$

如果样本中高值集聚，则 G 值较高；如果样本内低值集聚，则 G 值较低；如不显著，则高值、低值的集聚趋势不明显。

若要考察某区域是否为热点（高值与高值集聚）或冷点（低值与低值集聚），则可以使用局部 GO 指数：

$$G_i = \frac{\sum_{j\neq i} w_{ij}x_j}{\sum_{j\neq i} x_j} \tag{7-10}$$

7.3.2 空间地理关系自相关检验

将文化创意产业的技术效率值按照莫兰指数、吉布里指数和 GO 指数进行分别检验，其中，GO 指数只能用于空间邻接矩阵行标准化前的检验。

1. 空间邻接关系相关性检验。

2008~2015 年，历年文化创意产业技术效率的整体性空间邻接关系的空间矩阵相关性如表 7-1 所示。莫兰指数和吉尔里指数均通过了空间相关性检验，莫兰指数大于 0、吉尔里指数小于 1，说明文化创意产业的技术效率值按照省域邻接关系具有正相关的特性。GO 指数没能通过空间性检验，说明在邻接关系的空间相关性检验中，无法判定高值或低值聚集的情况。

表 7-1　　文化创意产业技术效率的整体性邻接空间相关性检验结果

检验方式		2008 年	2009 年	2010 年	2011 年	2012 年	2013 年	2014 年	2015 年
Moran's I	I	0.376	0.375	0.374	0.373	0.373	0.371	0.369	0.366
	Z	3.681	3.674	3.667	3.655	3.652	3.632	3.619	3.595
	P	0.000	0.000	0.000	0.000	0.000	0.000	0.000	0.000
Moran's I（标准化）	I	0.458	0.458	0.457	0.456	0.455	0.453	0.451	0.446
	Z	4.035	4.028	4.020	4.012	4.008	3.987	3.977	3.929
	P	0.000	0.000	0.000	0.000	0.000	0.000	0.000	0.000
Geary's C	C	0.474	0.473	0.472	0.472	0.472	0.472	0.473	0.478
	Z	-4.238	-4.252	-4.264	-4.265	-4.262	-4.258	-4.253	-4.203
	P	0.000	0.000	0.000	0.000	0.000	0.000	0.000	0.000
Getis & Ord's G	G	0.145	0.145	0.145	0.145	0.145	0.145	0.145	0.145
	Z	-0.447	-0.417	-0.383	-0.371	-0.349	-0.333	-0.308	-0.317
	P	0.655	0.677	0.701	0.710	0.727	0.739	0.758	0.751

注：Moran's I、Geary's C 与 Getis & Ord's G 均采用双边检验方式。

2008~2015年的莫兰指数变动趋势说明的空间演进特征如下：

（1）莫兰指数检验均显著，说明我国文化创意产业的技术效率确实受到地理性空间关系的影响。

（2）莫兰指数绝对值范围是（0.366，0.376），变动区间狭窄说明我国文化创意产业的地理空间关系相对稳定。

（3）莫兰指数偏小说明我国文化创意产业在空间邻接关系上地区关联性较弱，异质性较强。

（4）莫兰指数为正说明空间邻接关系上各省份文化创意产业的技术效率相互促进，由于文化创意产业依托于传统产业基础进行发展，这样的结果并不令人意外。

在空间相关性检验通过的基础上，对特定时点上文化创意产业的技术效率值按照局部莫兰指数进行检验，从截面角度进一步说明空间相关性结果，2015年文化创意产业技术效率面向体量大省的省际空间邻接关系相关性如表7-2所示。

表7-2　　　　　　2015年文化创意产业技术效率的省际
空间邻接关系相关性检验结果

检验方式		北京	天津	河北	山西	湖南	广东	海南
Local Moran's I	I	2.851	3.206	9.783	4.164	3.879	5.467	1.902
	Z	2.123	2.381	4.287	2.292	1.847	2.739	1.958
	P	0.034	0.017	0.000	0.022	0.065	0.006	0.050
Getis & Ord's G	G	0.052	0.053	0.196	0.115	0.224	0.192	0.040
	Z	-2.031	-1.887	-3.033	-1.872	2.045	2.272	1.308
	P	0.042	0.059	0.002	0.061	0.041	0.023	0.191

注：Local Moran's I 与 Getis & Ord's G 均采用双边检验方式；局部莫兰指数检验结果不显著的省份没有报告。

由表7-2的局部莫兰指数为正可以看出，全国有两个地区体现出高

（低）值被周围的高（低）值所包围的情况：一个是北部的北京、天津、河北、山西四省；一个是南部的湖南、广东、海南三省。而由于 GO 指数检验表明数据体现出低值集聚的特点，说明这两个地区都属于"冷点"区域，即低值与低值集聚。

2. 空间地理距离关系相关性检验。

2008～2015 年，历年文化创意产业技术效率的空间地理距离关系的空间矩阵相关性如表 7 - 3 所示。

表 7 - 3　　　　文化创意产业技术效率的地理距离空间相关性检验结果

检验方式		2008 年	2009 年	2010 年	2011 年	2012 年	2013 年	2014 年	2015 年
Moran's I	I	0. 156	0. 156	0. 157	0. 156	0. 156	0. 155	0. 154	0. 149
	Z	5. 014	5. 023	5. 037	5. 023	5. 014	4. 984	4. 953	4. 832
	P	0. 000	0. 000	0. 000	0. 000	0. 000	0. 000	0. 000	0. 000
Geary's C	C	0. 792	0. 791	0. 791	0. 791	0. 792	0. 792	0. 793	0. 794
	Z	- 3. 933	- 3. 959	- 3. 968	- 3. 965	- 3. 951	- 3. 939	- 3. 921	- 3. 887
	P	0. 000	0. 000	0. 000	0. 000	0. 000	0. 000	0. 000	0. 000

注：Moran's I 与 Geary's C 均采用双边检验方式。

表 7 - 3 显示，莫兰指数和吉尔里指数均通过了空间相关性检验，莫兰指数大于 0、吉尔里指数小于 1，再次肯定了文化创意产业的技术效率确实受到地理性空间关系的影响；莫兰指数变动区间狭窄说明地理空间关系相对稳定；值为正说明空间邻接关系上各省文化创意产业的技术效率相互促进；但相对空间邻接矩阵而言，莫兰指数更接近于 0，吉尔里指数更接近于 1，在反映地理空间关系时不如空间邻接矩阵准确，此处对反映空间地理距离关系的空间矩阵进行舍弃。

7.3.3　空间经济关系自相关检验

2008～2015 年，历年文化创意产业技术效率的整体性空间经济距离关系的空间矩阵相关性如表 7 - 4 所示。

表 7 - 4　文化创意产业技术效率的整体性经济距离空间相关性检验结果

检验方式		2008 年	2009 年	2010 年	2011 年	2012 年	2013 年	2014 年	2015 年
Moran's I	I	-0.723	-0.722	-0.722	-0.723	-0.723	-0.724	-0.722	-0.720
	Z	-3.278	-3.272	-3.273	-3.278	-3.275	-3.279	-3.274	-3.263
	P	0.001	0.001	0.001	0.001	0.001	0.001	0.001	0.001
Geary's C	C	1.976	1.971	1.969	1.970	1.970	1.970	1.968	1.969
	Z	4.030	4.016	4.014	4.019	4.015	4.013	4.002	4.000
	P	0.000	0.000	0.000	0.000	0.000	0.000	0.000	0.000

注：Moran's I 与 Geary's C 均采用双边检验方式。

表 7 - 4 显示，莫兰指数和吉尔里指数均通过了空间相关性检验，莫兰指数小于 0、吉尔里指数大于 1 接近 2，说明文化创意产业的技术效率值按照经济距离关系具有强负相关的特性。

2008 ~ 2015 年的莫兰指数变动趋势说明的空间演进特征如下：

（1）莫兰指数检验均显著，说明我国文化创意产业的技术效率确实受到经济距离空间关系的影响。

（2）莫兰指数绝对值范围是（0.720，0.723），变动区间狭窄说明我国文化创意产业在经济距离中关系相对稳定。

（3）莫兰指数绝对值偏大我国文化创意产业在经济距离关系上地区关联性较强，异质性较弱。

（4）莫兰指数为负说明经济距离关系上各省份文化创意产业的技术效率相互阻碍。

将空间地理关系自相关检验和空间经济关系自相关检验的结论两相比较，可以对假设 7 进行检验。假设 7 检验通过，文化创意产业技术效率同时存在地理性空间演进趋势和经济性空间演进趋势，但地理影响弱于经济影响。

为了说明经济距离和文化创意产业技术效率的省际对应关系，此处将各省经济距离依靠人均收入水平（人均 GDP）进行排序，并将文化创意产业技术效率进行一一对应，如图 7 - 3 所示。

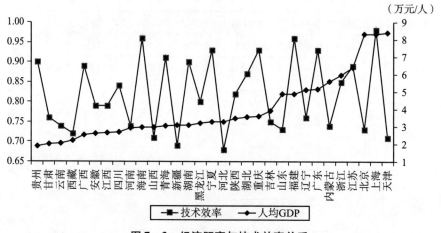

图 7 - 3　经济距离与技术效率关系

可以看出，在人均收入水平最为接近的省份之间，绝大多数均体现出了反差极大的技术效率水平。这体现了我国文化创意产业技术效率明显的经济近距负相关趋势，其深入检验要依赖建立正式的空间计量模型。

在整体空间相关性检验通过的基础上，对特定时点上文化创意产业的技术效率值按照局部莫兰指数进行检验，从截面角度进一步说明空间相关性结果。2015 年文化创意产业技术效率面向体量大省的经济距离空间相关性如表 7 - 5 所示。

表 7 - 5　　2015 年文化创意产业技术效率的省际经济距离空间相关性检验结果

检验方式		北京	河北	山西	上海	海南	宁夏
Local Moran's I	I	- 189. 068	- 168. 187	- 479. 878	- 230. 967	- 557. 540	- 167. 269
	Z	- 1. 663	- 1. 817	- 1. 800	- 2. 039	- 2. 092	- 1. 801
	P	0. 096	0. 069	0. 072	0. 041	0. 036	0. 072

注：Local Moran's I 采用双边检验方式；检验结果不显著的省份没有报告。

由表 7-5 的局部莫兰指数为负可以看出，全国有多个经济水平相近的省区体现出自省的高（低）值被相近经济水平省份的低（高）值所包围的情况，体现出强力的负向相关关系，和图 7-5 结论一致。这从时点角度上对时序角度的空间相关性检验再次进行印证，说明在经济距离接近的地区产生了较强的产业同构与竞争。

经济距离（人均收入水平）接近意味着不同省份的居民拥有相近的经济需求，导致这些省份间的文化创意产业竞争越发激烈。当一簇经济需求相近的省份中有一个省份首先实现了创新发展后，该省份在竞争中出现了明显的先发优势。在该优势未得到有效推广时，模仿也会带来可观的收益。但在如今的信息时代里，优势推广速度极快，某企业（或某省份）的一个文化创意项目由立项到完成又具有一定程度上的时滞性，因此模仿形成产业同构，大量模仿形成大量产业同构。产业同构实质上是由于企业（或省份）的个体行为与产业（或所有省份）共同行为的整体结果不同而产生的悖论关系（实际行动逻辑更加复杂，具体见第 7.5.2 节），是不适当的企业间、产业间过度竞争所导致的异常现象，产业同构示意图如图 7-4 所示。

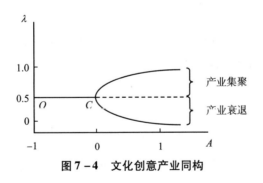

图 7-4　文化创意产业同构

在图 7-4 中，产业集聚部分是具有先发优势的某文化创意细分产业，而产业衰退部分则是单纯模仿先发优势的同一细分产业，即产业同构必然带来大面积的产业衰退，这就能解释在空间经济关系自相关检验中莫兰指数为负的意义，即产业同构条件下同样的产业发展路径造成了不同的产业发展成果，导致了各省文化创意产业的技术效率相互阻碍。

7.4 文化创意产业技术效率的空间关系检验

7.4.1 省域邻接关系检验

空间相关性结果说明，我国文化创意产业技术效率在邻接关系上存在正向相关的空间性特征。在省域邻接关系分析中，本部分以 2008～2015 年我国 31 个省份的文化创意产业技术效率值为被解释变量，以市场化变量和控制变量为解释变量，引入邻接的空间权重矩阵。

由于行标准化意味着不同省区受邻居的影响之和趋于一致，虽然可以体现一个省份周边的平均空间滞后水平，但是该均值的报告牺牲了区域间的差异性，因此对邻接矩阵不进行行标准化分析。

在个体效应和时间效应的选择上，由于本研究数据样本量相对时间较大，差异主要来自个体之间，此情况下通常引入个体效应而忽略时间效应；但在面板数据分析中，存在时间变量与技术效率显著负相关的关系，因此本部分在确定随机效应或固定效应模型后，对个体效应和双向效应进行对比报告，以确认最终结果。

本部分使用 Stata 14.0 软件，对空间面板模型进行 MLE 估计，只有将空间权重矩阵放在无法检测到的误差项中的空间误差模型通过了检验。此处先对空间误差模型进行豪斯曼检验，豪斯曼检验统计量为 8.66，Prob > chi^2 = 0.1935，结果表示此处拒绝了固定效应，此处选用了随机效应的假设。

由此，本部分建立基于空间面板的空间误差模型，对市场化改革与文化创意产业效率空间分布之间的关系进行分析。具体模型如下：

$$eff_{it} = x_{it}\beta + \mu_{it} \tag{7-11}$$

其中，空间扰动性 μ_{it} 的生成过程为：

$$u_{it} = \lambda \sum_{j=1}^{N} w_{ij} \mu_{it} + \varepsilon_{it} ; \quad \varepsilon_{it} \sim N(0, \ \sigma^2 I_n) \qquad (7-12)$$

其中，eff_{it}表示第 i 个省份文化创意产业第 t 年的效率水平，x_{it} 为包含市场化程度等在内的可能影响文化创意产业效率空间收敛性的影响因素，w_{ij} 为空间权重矩阵 W 的要素，β 和 λ 均为待估参数；ε_{it} 为随机误差项，I 代表单位矩阵。

空间误差模型结果如表 7 - 6 所示。

表 7 - 6 　　　　　　　　　随机效应下的空间误差模型结果

变量名称	系数	Z 统计量	P > |Z|
reg	0. 0091430	2. 96	0. 003 ***
com	0. 0330943	2. 39	0. 017 **
pro	− 0. 0000043	− 0. 12	0. 902
lnGDP	− 0. 0582622	− 2. 66	0. 008 ***
LQ	− 0. 0078705	− 1. 21	0. 226
lntec	− 0. 0015618	− 0. 44	0. 658
截距项	1. 3062840	6. 14	0. 000 ***
λ	0. 1549185	14. 78	0. 000 ***
ln_phi	3. 7459190	14. 38	0. 000 ***
sigma2_e	0. 0002071	5. 88	0. 000 ***
R - squared	0. 7585		
Log - pseudolikelihood	592. 1045		

注：*** 表示通过显著水平为 1% 的 Z 检验；** 表示通过显著水平为 5% 的 Z 检验。

空间误差模型检验通过，说明引起空间正相关的影响因素不在考察变量的研究范围之列，扰动误差导致了空间邻接关系上我国不同省区文化创意产业技术效率的正相关关系。

7.4.2 省域经济距离关系检验

空间相关性结果说明，我国文化创意产业技术效率在经济距离关系上存在反向相关的空间性特征。在经济距离关系分析中，本部分以 2008～2015 年我国 31 个省份的文化创意产业技术效率值为被解释变量，以市场化变量和控制变量为解释变量，引入经济距离空间权重矩阵。

本部分使用 Stata 14.0 软件，同时通过了空间自回归模型和空间杜宾模型的检验，这表明空间关联体现在相关变量中。考虑到空间自回归模型（SAR）是空间杜宾模型（SDM）的特例（陈强，2014）[189]，又因为本研究对空间性的演进需求，此处选择空间杜宾模型进行分析。具体模型如下：

$$eff_{it} = x_{it}\beta + \delta \sum_{j=1}^{N} w_{ij}x_{it} + \varepsilon_{it} \qquad (7-13)$$

其中，eff_{it} 表示第 i 个省份文化创意产业第 t 年的效率水平，x_{it} 为包含市场化程度等在内的可能影响文化创意产业效率空间收敛性的影响因素，w_{ij} 为空间权重矩阵 W 的要素，β 和 δ 为待估参数；ε_{it} 为随机误差项。

此处对空间杜宾模型进行豪斯曼检验，结果为 -4.28，豪斯曼检验统计量为负，可以接受随机效应的原假设，采用随机效应对模型进行检验，模型结果如表 7-7 所示。

表 7-7 　　　　　　　　　　　随机效应下的空间杜宾模型

变量名称	系数	Z 统计量	P > |Z|
reg	0.2299507	1.60	0.110
com	1.2228130	2.61	0.009 ***
pro	0.0005623	0.32	0.750
lnGDP	1.8076450	1.82	0.069 *
LQ	-0.2435801	-0.66	0.507
lntec	-0.4054870	-1.38	0.169

续表

变量名称		系数	Z 统计量	P > |Z|
截距项		− 56. 8748700	− 3. 97	0. 000 ***
空间滞后项	*com*	− 0. 0302801	− 3. 75	0. 000 ***
	ln*GDP*	0. 0223667	2. 95	0. 003 ***
rho		0. 2987536	13000	0. 000 ***
lgt_theta		− 4. 9581540	− 69. 76	0. 000 ***
sigma2_e		0. 5486649	1. 95	0. 052 *
R − squared		0. 0404		
Log − pseudolikelihood		15. 0010		

注： *** 表示通过显著水平为 1% 的 Z 检验； * 表示通过显著水平为 10% 的 Z 检验。

从模型的检验结果可以看出，整体模型和回归系数均通过了显著性检验。因此模型成立。R² 值偏低代表在讨论文化创意产业的技术效率时，空间因素起到的作用是比较微弱的，然而 Z 统计量显著说明这种空间因素也不应被忽视。区域性空间因素和省份内部影响因素的拟合优度之和超过了 100%，主要是由于区域性空间因素通过省份内部影响因素进而影响了技术效率水平，即区域性空间因素和省份内部影响因素存在交叉部分。由于空间计量分析中没有讨论省内因素，即遗漏了重要的解释变量，该模型预测效果可能极差（R² 略高于 0. 04），但不影响现有的结论，被研究的变量显著足以说明部分问题，即经济相近省区的竞争程度和经济水平对于被研究省区文化创意产业技术效率水平的必要性。

从随机效应模型可以看出，在经济距离接近的前提条件下，其他省份文化创意产业的竞争水平和整体经济水平与被研究省份文化创意产业的技术效率水平显著相关：其他省份文化创意产业的竞争水平与被研究省份的文化创意产业技术效率显著负相关，而其他省份的整体经济水平与被研究省份的文化创意产业技术效率显著正相关。且由莫兰指数为负可以看出，其他省份的文化创意产业竞争水平对被研究省份的文化创意产业技术效率的反向影响远大于其他省份的经济水平对被研究省份的文化创意产业技术效率的正向影响。

7.5 文化创意产业技术效率的检验结果解析

由于省域邻接关系检验只在空间误差模型检验通过，说明扰动项导致了空间邻接关系上我国不同省份文化创意产业技术效率的正相关关系，同本研究关系不大，不再进行深入探讨，此处只对省域经济距离关系的检验结果进行解析。

7.5.1 我国文化创意产业在经济空间的结果解析

同地理空间中人们很容易将拥有相同地理特征的省份看成一体的团块（东三省；中部六省；沿海省份）相类似，经济空间中也可以将人均收入水平接近的省份作为一体的团块结构加以分析，对检验结果的解析思考很有帮助。

如果我们可以将相似人均收入水平条件下的省份看作一个团块，例如，图 7-3 中的北京、上海、天津，则可以清晰地理解检验结果。

结果一："其他省份的整体经济水平对研究省份的文化创意产业技术效率构成正向影响"。假设上海的整体经济与人口均停滞不前① （当然现实中是不可能的，只是为了便于思考），此时北京、天津的整体经济体量变大，人口同比例增加，意味着上海的文化创意产业增加了新的消费群体，因此上海文化创意产业的技术效率必然提高。当然，这样的改变同时提高了北京、天津、上海三地的文化创意产业技术效率。

结果二："其他省份的竞争水平对研究省区的文化创意产业技术效率构

---

① 由于前提条件是人均收入水平相似，因此此处在整体经济改变时，也隐藏了人口比例同步改变的条件。

成反向影响"。当北京、上海、天津文化创意产业同构现象较为严重的情况下，北京、上海的文化创意产业体量越大，创新性竞争越多，竞争优势越强，必然削减了天津的文化创意产业技术效率。

综合考虑检验结果，我们发现，结果一和结果二均建立在相似收入水平下的产业同构基础之上，且产业同构对文化创意产业技术效率带来的影响弊大于利。如果可以实现产业异质化发展，则两个检验结果均有改善。"其他省份的整体经济水平对研究省份的文化创意产业技术效率构成正向影响"的结论并没有变化，但异质性的发展增加了产品和服务类别，与消费者需求贴合的更加紧密，必然扩大市场需求，进一步提高文化创意产业的技术效率；而"其他省份的竞争水平对研究省份的文化创意产业技术效率构成反向影响"的结论可能不再成立，异质性的发展削弱了省际的产业竞争关系，文化创意产业同质化的部分可能不再进入省际市场，更倾向于满足自省消费者需求。因此，文化创意产业在省际如何可以异质化发展成为我们需要关注的重点问题，这需要对我国文化创意产业形成产业同构的行为逻辑进行严格阐述，并从中找到消除产业同构的具体路径。

7.5.2 我国文化创意产业中产业同构的行为逻辑

对我国文化创意产业中产业同构的行为逻辑分析应依托产业发展历程。在文化创意产业发展的萌芽期，各省份产业自成体系，彼此之间竞争不多，各省份的文化创意产品的主要消费群体多为自省消费者，不存在过多的交叉，此时其他省份的成功经验可以拿来简单复制，从而得到相似的成功结果。因此最初的产业同构是可以理解的，但随着文化创意产业的迅猛发展，人均收入水平相似情况下的不同省份面临着相似的文化创意市场，产品和服务的竞争优势成为各省份文化创意产业发展的主要目标。

在已有的区域间产业同构的研究中，由于实证数据的难以获取，常见的方法是引入博弈思想，将参与区域间竞争的企业简化为博弈过程中的两个具有同样偏好、二元选择和期望收益的参与者，在此基础上讨论参与者不同行为的收益并进行比较。但由于产业跟随策略导致囚徒困境出现，而只有两个参与者的博弈过程一旦陷入囚徒困境便难以解决。因此，此处参照杨秀云和赵科翔（2016）关于区域性产业同构的产生原因与化解思路[190]，引入一致条件下的多人囚徒困境（MPD）博弈（托马斯·C. 谢林，2013）[191]，讨论文化创意企业的发展策略和产业同构的不良结果。

在产业跟随策略中，囚徒困境之所以成立，前提假设是同样的策略总会带来同样的结果，因此无论对手选择什么，跟随的产值风险总是更低（刘瑞明，2007）[192]。假设存在有横向竞争关系的 n 个文化创意企业均满足以下条件：

（1）每个地区的文化创意产业之间具有同样的偏好、二元选择（独特——创新型发展；跟随——复制型发展）和收益。

（2）无论一个地区的文化创意产业选择发展什么，其他地区的文化创意产业整体"不偏好"的行为选择越多，该地区产业的收益就越大。

（3）存在边界值 k。如果大于等于 k 的地区文化创意产业选择了不按偏好行动，剩下的选择按偏好行动，则选择不按偏好行动的地区各自获得的收益将大于所有地区都按偏好选择时各自获得的收益；但当不按偏好行动的地区小于边界值 k 时，这些地区获得的收益小于所有企业都按偏好选择时的个体收益，如图 7 - 5 所示。

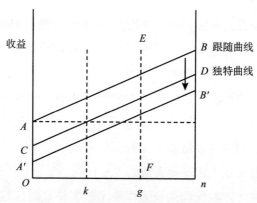

图 7 - 5　一致条件下的多人囚徒困境

注：图中曲线只是为了说明收益关系，不讨论复杂的外部性收益现象，因此采用了最简单的平行线形式。

在产能不足时，某地区的文化创意产业如选择"跟随"行为，复制其他地区的成功经验会获取同样的固定收益；如选择"独特"行为，创新型发展存在不成功的风险，预期收益低于"跟随"行为的固定收益。因此，在图7-5 中以跟随曲线 AB 代表企业"偏好"的行为选择，以独特曲线 CD 代表企业"不偏好"的行为选择，AB 高于 CD。选择"不偏好"的地区数量以横轴上任意一点与左侧端点的距离来表示，即如有 g 个地区选择了"独特"行为，则选择"跟随"行为的企业数量为 n−g，单个地区的文化创意产业收益按照不同的行为选择分别以 EF 线和跟随曲线 AB、EF 线和独特曲线 CD 的交点进行表示。

可以看出，虽然 g 个地区 (g > k) 选择"独特"行为时，会使这些地区的个体收益均高于所有地区都选择"跟随"行为时的情况，但此时其他选择"跟随"行为的地区显然收益更高。只要存在"搭便车"的情况，任何地区均没有选择"独特"行为的激励，即所有参与区域间竞争的地区都会选择"跟随"行为，纳什均衡必然收敛于 A 点，每个地区均陷入了被动的"囚徒困境"，区域性产业同构由此产生。这种理论结果说明，文化创意产业同构的主要原因在于决策者的认知不足，误以为同样的发展策略可以带来同样的发展结果。

将博弈模型的约束条件对应现实情况，打破"囚徒困境"要求改变参与者行为的期望收益。产业同构的演化趋势指出，多个产业同构的地区长期必然收敛于少点集聚和多点衰退；对应现实，我国文化创意产业与技术融合层面较低，发展中缺乏特色或技术垄断性，易于不同省区间相互模仿。在技术创新难以实现时，各省的文化创意产业难以实现垄断性利润，可维持相似利润的模仿性战略成为首选。此时，相似经济水平下不同省区的文化创意产业间构成竞争关系，但依靠复制模仿获得相似的成功结果并不现实，模仿下的同质化竞争往往将已成功地区拖入竞争泥潭，出现产能过剩。此时分岔点出现，对成功案例模仿学习的产业跟随策略不再有效，同样的产业发展结果难以实现。而文化创意产业、产品投资的资产专用性，导致要素资源难以实现优化配置，出现了不同省区同质化竞争的文化创意产业同构现象。

随着产能过剩的不断严重和区域间竞争的不断深化，选择复制型发展的"跟随"行为的期望收益逐渐下滑，并逐渐低于选择创新型发展的"独特"行为的期望收益，在图 7 - 5 上表现为跟随曲线 AB 逐渐下移至 $A'B'$。当区域间企业对收益变化达成共识之后，各地区必然会以创新型发展对复制型发展形成有效替代。但由于 MPD 模型要求每个文化创意产业的发展地区存在相同的偏好、二元选择和收益情况，虽然选择"独特"的预期收益优于"跟随"的预期收益，地区均选择"独特"行为，纳什均衡收敛于 D 点，但无法解释现实情况中不同的"独特"行为带来的收益差异现象。

在理想化模型中，完全相同的产业结构带来了一致性的产业同构；但在现实中，产业同构的多个地区存在着先天的资源禀赋差异与配置效率区别，当这种差异被地方政策进一步强化之后，多方区别便极其明显。这样的理论结果会怎样影响文化创意企业的区域间行为呢？此时沿用传统的两部门博弈模型，约束条件的改变影响了策略的标准化收益。如表 7 - 8 所示。

表 7 - 8　　　　　　　　　两地区文化创意产业发展博弈

		地区 A	
		独特	跟随
地区 B	独特	(a, b)	$(b-, b)$
	跟随	$(a, a-)$	(c, d)

如果地区 A 和地区 B 均选择了"独特"的创新型发展行为，即分别发展具有优势的产业，两地产值必然不同，定义为 (a, b)；如果地区 A 和地区 B 均选择了"跟随"的复制型发展行为，则双方产值关系不确定，定义为 (c, d)；如果地区 A 选择"独特"而地区 B 选择"跟随"，则地区 A 可以按照自身特有的资源禀赋制定相关发展规划，地区 B 的产值一定不如地区 A，定义为 $(a, a-)$；反之，如果地区 B 选择"独特"而地区 A 选择"跟随"，则地区 A 的产值一定不如地区 B，定义为 $(b-, b)$。

将"独特"行为和"跟随"行为的产业收益结果进行比较，如果地区 B

选择"独特"，地区 A 选择"独特"产生风险（$a>b$ 或 $a<b$），选择"跟随"必然受损（$b-<b$）；如果地区 B 选择"跟随"，地区 A 选择"独特"产生优势（$a>a-$），选择"跟随"产生风险（$c>d$ 或 $c<d$）。此时对于双方参与者而言，"独特"是最优行为，而"跟随"行为被舍弃。

对应现实，各地区在发展文化创意产业时需充分考虑自己地区已有的各种条件。对于某些易于模仿的文化创意类项目，要考虑到可能出现的产业同构现象，同质化竞争必然分流固定消费者群体，导致所有进入同质化竞争地区的文化创意产业技术效率下降。因此易于模仿的文化创意类项目规模做到市场供需匹配即可，不能一味扩大。对于具有明显特色的文化创意类项目，才可能实现规模经济和技术效率上升。

需要注意的是，同样的产业条件和政策不足以成为地域竞争优势，盲目照搬其他地市的先进经验也不可取，同质化竞争中都是输家。虽然在官员竞争的"零和博弈"体制条件下（刘瑞明，2007；周黎安，2004）[192,193]，各省份可能仍然难以实现区域间的合作，但文化创意产业的同构现象和产能过剩必将得到有效缓解。

7.6 本章小结

本章采用预测法和均值法补齐了缺失数据，在空间相关性显著的基础上，对假设 6 和假设 7 进行检验，主要结论归纳如下：

（1）以整体莫兰指数、局部莫兰指数和吉尔里指数为依据的文化创意产业技术效率的空间自相关检验无论在邻接矩阵、地理距离矩阵或经济距离矩阵上，均通过了相关性检验。这说明文化创意产业技术效率同时存在地理性空间演进趋势和经济性空间演进趋势，适合进行空间分析。

（2）从莫兰指数的取值范围来看，我国文化创意产业技术效率的空间关系相对稳定，在空间邻接关系上异质性较强，在经济距离关系上异质性较弱。文化创意产业技术效率的空间邻接关系影响明显弱于空间经济距离影响。空间邻接关系对文化创意产业的技术效率存在正向促进，而空间经济距离关系对文化创意产业的技术效率存在反向阻碍。

（3）空间邻接关系中，导致相邻省份文化创意产业技术效率空间正相关的因素不在市场化变量和控制变量之列，文化创意产业对传统产业在地理层面上的依托导致了扰动误差，进而引起了地理空间上技术效率的正相关，采用空间邻接矩阵讨论市场化改革对我国文化创意产业技术效率影响的意义微弱。

（4）空间经济距离关系中，文化创意产业在人均收入水平相近省份中发展层次相似，马斯洛需求理论很好地解释了这种现象；发展层次相似的各省份文化创意产业自然产生竞争并导致了人均收入水平相近省份的产业同构现象；严重的产业同构导致各省份的文化创意产业发展出现相互阻碍，并进而影响了技术效率；对我国文化创意产业中产业同构行为逻辑的分析说明，各地区在发展文化创意产业时需充分考虑自己地区已有的各种条件，依靠特色条件实行异质化发展是解决产业同构的唯一方式。

第 8 章

结论与政策建议

随着市场化改革的不断深化，我国的文化创意产业蓬勃发展。在这一背景下，本研究采用柯布—道格拉斯生产函数测算我国文化创意产业的技术效率，指出我国文化创意产业发展的内在问题，阐释了我国文化创意产业的区域特征、市场特征和发展特征，建构了不同区域间反映文化创意产业同构性和异质性的空间差异测量模型，提出了我国文化创意产业走向高质量发展旨在提升其技术效率的可行性政策建议。

8.1 主要研究结论

8.1.1 文化创意产业技术效率的机理系统

文化创意产业技术效率的机理分析是本研究的研究核心，建立统一化的机理系统亟关重要。我们引入产业技术效率模型，可以清晰地将文化创意产业技术效率的机理分析拆分为紧密相关的三个层次：

第一层是在静态下分析效率点的位置，选取投入要素（文化创意劳动、资本）和产出（收入）讨论了固定时点、空间点下的技术效率位置；第二层是在比较静态下按照技术效率的演进逻辑，引入市场化改革条件讨论技术效率位置的变动。第一层、第二层及控制变量共同构成了一个静态和比较静态下的文化创意产业技术效率系统。第三层是在不同时点上对文化创意产业技术效率系统进行动态比较，或在不同空间点上对文化创意产业技术效率系统进行空间比较。

在静态和比较静态分析中，首先对文化创意产业的技术效率点展开分析，即以投入要素（文化创意劳动、资本）和产出为切入点确定了固定时点、空间点下的技术效率位置；然后以理论模型结合我国文化创意产业的发展历程，讨论了文化创意产业技术效率点的变动，即从劳动有偏的技术进步转向资本有偏的技术进步，再转向文化创意产业规模迅速扩大时的边际要素替代；最后以市场化影响因素和控制变量为切入点，严格按照技术效率的变动逻辑，梳理文献并结合经济理论对市场化改革的具体影响机理进行分析。

在动态机理分析中，讨论了时间维度下文化创意产业技术效率的演进，将文化创意产业按创新性和模仿性分拆为主要依靠技术研发进行创意扩散的高端文化创意细分产业和主要依靠企业间模仿进行创意扩散的低端文化创意细分产业，采用创新扩散模型结合我国文化创意产业的要素回报率现状，从创新扩散角度分析了我国文化创意产业的技术效率动态演进趋势。在空间分析中，讨论了空间维度下文化创意产业技术效率的演进，分别采用地理空间描述传统的地理空间演进，采用经济空间描述经济全球化背景下的经济空间演进。

8.1.2   文化创意产业的代理变量与技术效率测度

由于以我国文化创意产业总体为研究对象时不存在统一口径的统计数据，相关科研人员往往寻求一段时间内统计口径相对统一的代理变量用于讨论分析。在选取代理变量时，需要考虑代理变量与我国文化创意产业的同源性，从而寻求最合适的创意载体。本研究着力关注文化创意产业的自身特点，剥离开文化的公共性与"＋"的范畴，选取了文化市场和与文化市场同源的一部分文化事业单位，即"纯文化产业"。

对"纯文化产业"的技术效率测度结果表明：随时间推移，我国文化创意产业的年均技术效率呈现下行趋势。各省份的文化创意产业技术效率水平每年变化的速率并不一致，但均呈现递减状态，说明各省份在文化创意产业融合的过程中技术效率遭遇了不同的阻碍。在 2007～2015 年高于全国平均水平或与全国水平持平的 15 个省份中，东部区域占 6 省，西部区域占 7 省，而中部地区除湖南省和湖北省之外均在国家平均水平之下；按照东、中、西部三大区域的平均水平，东部地区优于西部地区，而东、西部地区显著优于中部地区，呈现出我国文化创意产业技术效率水平"中部凹陷"的客观局面。

8.1.3　文化创意产业技术效率的影响因素检验

按照文化创意产业影响因素内在的逻辑性，选取了政府与市场的关系、文化创意类单位数量和文化创意类企业单位数量与事业单位数量的比值分别对规制、竞争和产权进行描述。通过对市场化改革类指标的回归分析可知：文化创意产业的市场化改革显著提升了技术效率，放松普适性管制、增强异质性竞争、提高企业单位比例等市场化改革手段均对文化创意产业技术效率的提升具有显著的推动作用；交叉项检验不显著，说明工具变量相互间独立性强；规制和竞争的平方项负显著，说明规制和竞争均具有最优阈值，呈现出倒 U 形曲线的特征。结合规制和竞争的系数符号可知，我国目前的普适性规制水平对于文化创意产业过严，而市场竞争强度略显不足；时间为反向影响，说明全国整体的文化创意产业技术效率出现了一定程度的衰变。

我国东、中、西部地区的异质性分析表明，东、中、西部地区对文化创意产业技术效率的主要影响因素和影响方向均存在一定的差异。东、西部地区与全国情况较为类似，规制、竞争、产权均对文化创意产业技术效率构成显著影响，不同点是东部地区竞争的同质化程度更高，竞争强度的下降会带来文化创意产业技术效率的上升；西部地区竞争的异质化程度更高，竞争强度的提高会带来文化创意产业技术效率的上升；而中部地区的市场化改革手段普遍无效，说明中部地区对文化创意产业发展的重视程度不足。我国东部地区文化创意产业技术效率衰变最快，中部地区紧随其后，西部地区衰变最慢。

8.1.4　文化创意产业技术效率的空间演进检验

区域收敛性分析指出，我国各省份之间文化创意产业的技术效率差距逐步扩大，呈现发展趋异的"马太效应"。空间相关性分析指出：我国各省份之间文化创意产业技术效率的空间关系相对稳定；空间邻接关系对文化创意产业的技术效率存在正向促进，而空间经济距离对文化创意产业的技术效率存在反向阻碍；空间邻接关系影响明显弱于空间经济距离影响，且文化创意产业技术效率在空间邻接关系上关联性较弱、异质性较强，在经济距离关系上关联性较强、异质性较弱。

相对于空间邻接矩阵，空间经济距离矩阵在讨论我国文化创意产业技术效率的空间影响时是更有效的矩阵形式。在相似的人均收入水平条件下，得出文化创意产业存在着产业同构的结论。而后通过空间杜宾模型，确定了经济空间内影响被研究省份文化创意产业技术效率的主要影响因素——经济水平和竞争水平。最后将经济空间中的省份作为一体的团块结构展开分析，说明了两个结论：第一，其他省份的整体经济水平对研究省份的文化创意产业技术效率构成正向影响；第二，其他省份的竞争水平对研究省份的文化创意产业技术效率构成反向影响。

空间演进结论可以概括为：同一经济层次的不同省份中出现了大规模的文化创意产业同构现象，严重的市场同质化竞争阻碍了文化创意产业空间内技术效率的正向演进，导致各省的文化创意产业发展出现相互阻碍，并进而影响了技术效率。空间演进结论也说明了不同地区间文化创意产业技术效率强者愈强、弱者愈弱的"马太效应"的形成原因。

8.2　政　策　建　议

本研究基于市场化改革对我国文化创意产业的技术效率及其影响因素与

动态、空间关系进行研究，得到了相关的结论。因此，本研究也分别从市场化改革层面和空间演进层面提出提升我国文化创意产业技术效率的政策建议：包括深化文化创意产业的市场化改革和提高文化创意产业的空间异质性。在市场化改革措施中，重点指出了规制、竞争和产权改革的政策方向，并要求针对不同地区提出不同路径；在提高空间异质性措施中，指出解决产业同构的重要性，并从企业角度进一步细化具体行为措施。

8.2.1 文化创意产业的市场化改革应继续深化

市场化改革对我国的文化创意产业发展起到至关重要的作用，由市场化改革催生的市场力量是推动中国文化创意产业技术效率持续动态演进的重要驱动力量，促成经济增长方式向创新驱动增长转变的顺利实现。

1. 规制改革应侧重于简政放权和增加激励性规制。

文化创意类企业的超额利润来源包括创新、垄断与寻租，文化创意类企业依靠技术创新实现有效垄断，企业追求超额利润的行动在于创新和寻租的成本收益比较。一方面，我国的普适性规制强度措施已超过了文化创意产业要求的最优尺度，带来了普遍的寻租现象，简政放权以消除寻租空间的做法可以有效激励企业从事创新活动，技术创新的增加必然有效推动技术效率的提高；另一方面，我国文化创意产业的激励性规制强度仍显不足，进一步增强修订力度可以有效促进文化创意产业的特色发展。

2. 竞争改革应侧重于对市场创新性的培养。

在我国文化创意产业中，产品对技术要求不高，创意创新程度相对较弱，创意出现时间长，与技术融合客观上达到瓶颈的低端文化创意细分产业占据了市场的主要份额，竞争强度的下行趋势恶化了模仿性偏高而创新性不足的问题，并由此导致了文化创意产业技术效率下降的不利局面。在此基础上，可以将竞争改革主要分为两个方面：第一，出台落实培育壮大市场主体的产业发展政策，如设立扶持基金，减免税负，增加财政补贴等；第二，推动技术创新与文化的融合，如推动文化创意平台建设，加大创新性政策支持，建立协同工作机制等。从经济发展的地域角度观察，经济水平较为落后的我国中、西部地区同我国整体情况类似，市场产品的创新性不足，需要通过和我国整体情况相类似的竞争改革措施，以促进市场内企业的技术创新；但同样的措施对于经济相对发达的东部地区并不适用，在东部发达地区，创意创新程度较高、创意出现时间短、存在不可复制性、难以进行模仿性生产的高端文化创意细分产业占据了市场的主要份额，市场产品的创新性逐步上升而模仿性逐步下降，同质化竞争困境正在走向好转。

3. 产权改革应侧重于对转企改制的继续深化。

经营性文化事业单位的转企改制有效的明晰了我国文化创意产业的市场主体，在经营性文化事业单位成为企业之后，文化事业与文化产业得到有效区分，企业单位的行为目标变为追求企业利润最大化，而不同于经营性文化事业单位的利润最大化与社会福利最大化目标共存的局面。企业在文化创意市场里追求利润，必需追求技术创新，而技术创新是文化创意类企业技术效率提高的源泉，企业技术效率提高又进一步推动了文化创意产业的技术效率提高。

8.2.2　文化创意产业的市场化改革应因地制宜

对于不同地区的文化创意产业，市场化改革的侧重点不同。

1. 东部地区应侧重于放松规制、明晰产权、减少同质化竞争。

东部沿海经济发达地区的文化创意产业受到大量的国际文化冲击，中外优秀文化的融合发展进一步促进了我国的文化创意产业发展。但由于海外舶来文化同时进入我国各个沿海口岸，东部地区的文化需求和文化创意产品供给也具有一定的相似性，特别是近些年物流与电子信息的快速发展进一步促进了各地文化创意产业的相似特征。东部地区某一省份的文化创意产业不仅受到外来文化冲击，同时也受到东部其他省份的文化冲击。在不完全竞争市场中，产品差异性逐渐缩小，产业同构开始增加，同质化的竞争强度增加必然导致东部地区文化创意产业技术效率水平的下降。

仍以迪士尼乐园落户中国上海为例，放松规制带来了我国文化创意产业与国际文化创意产业在文化、理念、模式上的接轨，进而带动我国文化创意产业的原创性成长。在这种外来文化创意的冲击下，我国文化创意产业的企业单位比例也迫切需要进一步的提高，进而促进东部地区文化创意产业技术效率水平的提高。我国东部地区虽然出现了文化创意产业同质化的竞争困境，但在市场机制的作用下，文化创意企业优胜劣汰，同质化竞争的困境正在逐渐消除。

2. 西部地区应侧重于放松规制、明晰产权、增强异质化竞争。

西部多民族经济欠发达地区的文化创意产业受到民族文化和民俗文化冲击，地区间文化创意产业的异质性极强，带来截然不同的文化体验。但由于西部地区经济水平普遍较差，对民族文化或民俗文化的挖掘仍存在欠缺，异质性竞争的强度不足可能是西部地区文化创意产业技术效率存在改进空间的最大原因。

仍以西藏、陕西、广西、云南等地区的代表性文化差异为例，西部地区省份间民族文化差异极大，整体性"一刀切"的经济性规制效果必然极差，放松规制或因地制宜采用激励性规制均有利于西部各省份的文化创意产业根据自身特色进行发展，并提高西部文化创意产业的整体技术效率。由于西部各省的文化创意产业多依托于自身的民族文化，这就保证了不完全竞争市场中产品的差异性和创新性，因此异质化竞争强度的增加也会导致西部文化创意产业技术效率水平的显著提高。而企业单位比例的提高导致西部地区文化创意产业产权更加清晰，对西部地区文化创意产业技术效率水平同样具有一定的促进作用。

3. 中部地区应更着重文化创意产业的市场化改革。

中部经济欠发达地区市场化改革影响因素与文化创意产业的技术效率不构成显著影响关系的原因和我国文化创意产业技术效率水平"中部凹陷"的原因相似，均是由于我国中部地区文化创意产业发展的创意来源主要来自自身的文化，受外来文化冲击的影响较东部更弱，受民族文化冲击的影响较西部更弱所导致的。

市场化因素对中部地区文化创意产业的技术效率的影响均不显著说明，中部地区的政府在市场化改革过程中，并没有将文化创意产业作为着重发展的产业进行考虑，中部地区的文化创意产业只是随着经济发展和技术进步逐渐发展。

8.2.3 文化创意产业发展应选择异质化发展路线

我国文化创意产业具有存在空间异质性的内部土壤。从我国文化创意产业的整体发展来看，市场主体为内资企业决定了异质性；从我国文化创意产业的区域分布来看，我国不同地区有不同的文化创意底蕴。要提高文化创意产业的空间异质性，最有效的方式即不同省份的文化创意产业应基于地区内的文化自身内容进行发展。

要提高文化创意产业的空间异质性，"文化自身内容"应成为所有地区政府和企业关注的重点，即该地区有哪些内容是属于且仅属于自身的。这些内容必须难以模仿，例如，江苏省溧阳市的"竹文化"，南山竹海内依山傍水的竹林成为同样经济条件下难以模仿的特色条件，无竹林地区模仿"竹文化"的代价太大，因此实现了特质化的发展。在此种具有明显特色的文化创意类项目上的进一步创新，才会有效提高市场需求，产业产值随之提高，技术效率上升，实现规模经济。

更普遍的情况是，我国文化创意产业与技术融合时缺乏特色，既不具有技术垄断性，也不具有特色垄断性，不同省份间易于相互模仿。例如，各省几乎均存在的博物馆、地质馆、恐龙园等，展出品与展出形式大同小异，与技术融合流于形式，3D、4D 之类的新型项目简单重复，难以提起消费者的消费兴趣。对于易模仿的文化创意类项目，必须要考虑到可能出现的产业同构现象，同质化竞争会分流固定消费者群体，导致所有进入同质化竞争地区的文化创意产业产值和技术效率均会下降。在此种易于模仿的文化创意类项目上的进一步创新，会被相似经济条件下不同地区的同类型项目迅速模仿，无法带来垄断式利润。因此易于模仿的文化创意类项目规模做到省内市场供需匹配即可，不能一味扩大规模。

在现有条件下，地区要在空间竞争中获取优势，必须选择异质化（创新型）发展路线（单纯复制型发展将陷入同质化的产业竞争，进而带来产业衰退）或依托自有文化资源进行具有创新性的产业重构。因此，政府部门还应出台鼓励产业创新的相关政策。先进经验仍需借鉴，只是借鉴时必须结合自身的资源禀赋条件进行创意创新，依靠新思路来获取新方向上的文化创意产业集聚优势。在制定具体产业政策时，地区政府部门需要综合考虑，并在每个层级上贴近现实，以降低政策一统性与执行过程灵活性之间的组织学悖论的发生次数（周雪光，2009）[194]。

8.3 研究的主要创新点

本研究在遵循全面性、系统性原则的基础上，有层次、有条理地展开相应的研究工作，从思想、机理、变量选取和方法运用等方面体现创新。

本研究的创新点主要体现在以下四个方面：

1. 构建了揭示我国文化创意产业技术效率及演进的影响机理模型。

在文献梳理和对我国文化创意产业改革及其产业发展的统计性分析基础上，基于产业生命周期理论、产业创新理论、产业融合理论、创新扩散理论、规制理论、产权理论和空间经济理论，构建我国文化创意产业技术效率的影响机理模型。在静态分析中，以投入要素（文化创意劳动、资本）和产出为切入点讨论了技术效率点的位置；在比较静态分析中，引入斯塔克伯格模型的扩展形式结合技术效率分析，讨论了技术效率点位置的变动，并分析了市场化影响因素对技术效率的具体影响路径。在动态分析中，将文化创意产业按创新性和模仿性分拆为主要依靠技术研发进行创意扩散的高端文化创意细分产业和主要依靠企业间模仿进行创意扩散的低端文化创意细分产业，采用新技术扩散模型结合我国文化创意产业的要素回报率现状，讨论了每种文化创意细分产业和文化创意产业整体的技术效率演进趋势。在空间分析中，描述了地理空间与经济空间差异，并采用分岔点模型对传统的地理空间演进和经济全球化背景下的经济空间演进分别进行阐释。

2. 量化分析了我国文化创意产业技术效率的动态演进特征。

选取与文化创意产业具有同源性和相似特征的"纯文化产业"作为代理变量，采用异质性随机前沿分析测度我国文化创意产业的技术效率，对我国文化创意产业的技术效率演进趋势的变动特征进行检验。结果表明：我国文化创意产业的年均技术效率存在下行趋势。这种技术效率下行趋势在各省份和东、中、西部三大区域中均有体现，东部地区优于西部地区，而东、西部地区显著优于中部地区，呈现出我国文化创意产业技术效率水平"中部凹陷"的客观局面。

3. 量化分析了市场化改革对文化创意产业技术效率的主要影响路径、影响方向和影响程度。

在经济、集聚度、技术等可控的背景约束下，将市场化改革分为规制、竞争、产权等独立类别并纳入统一的分析框架，采用双向固定效应回归模型进行研究。研究发现，在我国现有情况下，放松普适性管制、增加竞争强度、事业单位转企改制等市场化改革手段均对文化创意产业技术效率的提升具有显著的推动作用。从三大经济区角度观察，东部经济发达地区的文化创意市场同质化竞争困境正在逐渐消除，提高东部地区文化创意产业技术效率的市场化改革方向应侧重于增强激励性规制、放松普适性规制、继续明晰产权；西部经济落后、多民族文化相对丰富地区的市场化改革方向应侧重于放开普适性规制并对文化创意类企业进行专项政策扶持，增强竞争强度并继续深化转企改制；而中部经济欠发达地区的市场化改革手段几近失效，说明中部地区对文化创意产业发展的重视程度普遍不足。

4. 量化分析了文化创意产业技术效率的空间演进特征及其影响因素。

通过空间分析，指出我国各省区文化创意产业技术效率呈现发展趋异的"马太效应"，且空间地理影响弱于空间经济影响。采用空间自相关模型，分析了文化创意产业在空间中的最优介入点——以人均收入差距为经济距离，衡量同一收入层次下不同省区的文化创意产业同构情况。而后构建经济空间权重矩阵，采用空间杜宾模型将规制、竞争、产权、控制变量和经济空间关系纳入一个统一的分析框架；全面分析经济空间条件下，某省份文化创意产业技术效率受到其他省区影响的主要因素和影响程度；指出可将经济空间中人均收入水平接近的省份作为一体的团块结构作为分析前提，说明了其他省份的经济水平、竞争水平对研究省份的文化创意产业技术效率的影响关系，指出各地区在发展文化创意产业时需充分考虑自己地区已有的各种条件，依靠特色条件实行异质化发展是解决产业同构的唯一方式。

8.4 研究展望

1. 改良数据选取。

囿于数据的可获得性，本研究在数据分析中采用纯文化产业作为文化创意产业的代理变量，具体选取了我国 31 个省份 9 年的省际面板数据对市场化改革与文化创意产业技术效率动态演进和空间演进进行检验。

随着文化创意产业在我国的继续发展，该检验有待进一步在数据精度、样本量和时间长度上补充更多的经验证据。

2. 改善研究方法。

从操作方法上来看，本研究采用的技术效率评估方式（SFA）在讨论技术无效项涉及对原有随机项按照不同分布进行拆分，其技术有效部分只能反映整体趋势。这样的数据分析方法存在一个前提假设，即样本省区的效率指标在时间维度上的变动方向相似，否则容易造成分析错误。

参考文献

［1］陆立新．文化创意产业与中国经济增长的动态关系［J］.统计与决策，2009（20）：86 – 87.

［2］李增福，刘万琪．我国文化产业对经济增长影响的实证研究［J］.产经评论，2011（5）：5 – 13.

［3］成学真，李玉．文化产业发展对经济增长影响的实证研究［J］.统计与决策，2013（3）：114 – 117.

［4］刘亦赫．基于投入产出模型的文化创意产业对经济增长影响分析［J］.经贸实践，2016（17）：18 – 19.

［5］蒋萍，王勇．全口径中国文化创意产业投入产出效率研究——基于三阶段 DEA 模型和超效率 DEA 模型的分析［J］.数量经济技术经济研究，2011（12）：69 – 81.

［6］邱煜，葛智杰．基于三阶段 DEA 的文化类上市公司经营绩效评价研究［J］.成都理工大学学报（社会科学版），2013（2）：93 – 100.

［7］赵倩，杨秀云，雷原，朱贻宁．我国文化创意产业技术效率：行业差异及影响因素研究［J］.经济问题探索，2015（11）：88 – 97.

［8］刘奕湛．我国国有经营性文化事业单位转企改制成效综述［N］.新华网，2012 – 09 – 24.

［9］雷原，赵倩，朱贻宁．我国文化创意产业效率分析——基于 68 家上市公司的实证研究［J］.当代经济科学，2015（2）：89 – 96.

［10］于平，傅才武．中国文化创新报告（2014）［M］.北京：社会科学文献出版社，2014.

［11］宋馥李．文创产业成北京第二大支柱产业，急需打破行政分割［N/OL］.经济观察网，2015 – 06 – 15.

［12］张玉玲，李慧．这个文化创意产业园为何变了味［N］．光明日报，2014 - 07 - 09（1）.

［13］王少杰．文化繁荣冒进不可取［N］．中国产业新闻网，2015 - 05 - 04.

［14］张志兵，曾德锋．文化产业园应先重"质"后重"量"［N］．中国文化报，2014 - 10 - 11.

［15］高学武，李淑敏．我国文化产业发展轨迹，阶段特征和效率评价［J］．财经问题研究，2014（6）：36 - 43.

［16］何里文，袁晓玲，邓敏慧．中国文化产业全要素生产率变动，区域差异分析——基于 Malmquist 生产力指数的分析［J］．经济问题探索，2012（9）：71 - 77.

［17］何里文，袁晓玲，邓敏慧．我国十大城市群文化创意产业投入产出效率研究［J］．统计与决策，2015（1）：134 - 137.

［18］陈敦亮．考虑 R&D 投入的中国文化产业投入产出效率测度及评价［J］．湖北社会科学，2014（12）：96 - 102.

［19］安虎森，邹璇．区域经济学的发展及其趋势［J］．生产力研究，2004（1）：180 - 186.

［20］曹细春，谢显慈．区域经济学的发展及其趋势探讨［J］．中国商贸，2014（11）：76.

［21］刘轶．我国文化创意产业研究范式的分野及反思［J］．现代传播（中国传媒大学学报），2007（1）：108 - 111，116.

［22］Department of Culture，Media and Sport，UK Government. Creative industries mapping document［R］．London：DCMS，1998.

［23］Moore I. Cultural and Creative Industries Concept - A Historical Perspective［J］. Procedia - Social and Behavioral Sciences，2014（110）：738 - 746.

［24］厉无畏，王慧敏．创意产业新论［M］．上海：东方出版中心，2009.

［25］鲍枫．中国文化创意集群发展研究［D］．长春：吉林大学，2013.

［26］厉无畏．创意改变中国［M］．北京：新华出版社，2009.

［27］杨秀云，郭永．基于文化创意与科技融合的我国城市创新能力研究［M］．北京：经济科学出版社，2014.

［28］李清娟．大城市传统工业区的复兴与再开发［M］．上海：上海三联书店，2006.

［29］邓达，周易江，张斯文．文化创意产业关联性实证研究［J］．经济纵横，2012（12）：40－43．

［30］Vernon R. International Investment and International Trade in the Product Cycle［J］. International Executive，1966，8（4）：190－207．

［31］Gort M，Klepper S. Time Paths in the Diffusion of Product Innovations［J］. The Economic Journal，1982，92（367）：630－653．

［32］Londregan J. Entry and Exit Over the Industry Life Cycle［J］. The Rand Journal of Economics，1990，21（3）：446－458．

［33］迈克尔·波特．竞争战略：分析产业和竞争者的技巧［M］．陈小悦，译．北京：华夏出版社，1997．

［34］约瑟夫·阿洛伊斯·熊彼特．经济发展理论：对利润、资本、信贷、利息和经济周期的探究［M］．叶华，译．北京：中国社会科学出版社，2009．

［35］Carlsson B，Stankiewicz R. On the Nature，Function and Composition of Technological Systems［J］. Journal of Evolutionary Economics，1991（2）：93－118．

［36］Malerba F. Sectoral Systems：How and Why Innovation Differs Across Sectors in Book of the Oxford Handbook of Innovation［M］. Oxford：Oxford University Press，2005．

［37］布莱恩·阿瑟．技术的本质——技术是什么，它是如何进化的［M］．杭州：浙江人民出版社，2014．

［38］陆国庆．产业创新的动力源和风险分析［J］．广西经济管理干部学院学报，2003（2）：38－42．

［39］周振华．信息化进程中的产业融合研究［J］．经济学动态，2002（6）：58－62．

［40］周振华．产业融合：产业发展及经济增长的新动力［J］．中国工业经济，2003（4）：46－52．

［41］Greenstein S，Khanna T. What Does Industry Convergence Mean［J］. Competing in An Age of Digital Convergence，1997（3）：201－226．

［42］武迎春，汪桂霞．我国产业创新的思路与政策研究［J］．黄河科技大学学报，2009（6）：92－95．

［43］Stieglitz N. Industry Dynamics and Types of Market Convergence［C］. DRUID Summer Conference，2002：6－9．

［44］厉无畏，王慧敏．创意农业的发展理念与模式研究［J］．农业经济问题，2009

（2）：11 - 15，110.

［45］库兹涅茨. 现代经济增长［M］. 戴睿，易诚，译. 北京：经济学院出版社，1989.

［46］Rogers E M，Shoemaker F F. Communication of Innovations：A Cross - Cultural Approach［M］. New York：Free Press，1971.

［47］Mansfield E. Technical Change and the Rate of Imitation［J］. Econometrica，1961，29（4）：741 - 766.

［48］Bass F M. A New Product Growth for Model Consumer Durables［J］. Management Science，1969，15（5）：215 - 227.

［49］植草益. 微观规制经济学［M］. 北京：中国发展出版社，1992.

［50］斯蒂格勒. 人民与国家：管制经济学论文集［M］. 台北：台湾远流公司，1994.

［51］埃瑞克·G. 菲吕博顿，鲁道夫·瑞切特. 新制度经济学［M］. 孙经纬，译. 上海：上海财经大学出版社，1998.

［52］Furubotn E G. The Long-run Analysis of the Labor-managed Firm：An Alternative Interpretation［J］. The American Economic Review，1976，66（1）：104 - 123.

［53］冯·杜能. 孤立国同农业和国民经济的关系［M］. 吴衡康，译. 北京：商务印书馆，1986.

［54］Dixit A K，Stiglitz J E. Monopolistic Competition and Optimum Product Diversity［J］. The American Economic Review，1977，67（3）：297 - 308.

［55］藤田昌久，保罗·R. 克鲁格曼，安东尼·J. 维纳布尔斯. 空间经济学——城市、区域与国际贸易［M］. 梁琦，译. 北京：中国人民大学出版社，2013.

［56］Scott A J. The Cultural Economy of Cities［J］. International Journal of Urban and Regional Research，1997，21（2）：323 - 339.

［57］Landry C. The Creative City：A Toolkit for Urban Innovators［M］. London：Earthscan，2012.

［58］Caves R E. Creative Industries：Contracts Between Art and Commerce［M］. Cambridge：Harvard University Press，2000.

［59］郑玲莉. 文化创意产业集群形成机制及对策研究［J］. 商场现代化，2009（5）：243.

［60］康小明，向勇. 产业集群与文化产业竞争力的提升［J］. 北京大学学报（哲学社会科学版），2005（2）：17 - 21.

［61］ Minihan J. The Nationalization of Culture: The Development of State Subsidies to the Arts in Great Britain ［M］. New York: New York University Press, 1977.

［62］ Whitt J A. Mozart in the Metropolis: The Arts Coalition and the Urban Growth Machine ［J］. Urban Affairs Quarterly, 1987, 23 （1）: 15 – 36.

［63］ Myerscough J. The Economic Importance of the Arts in Britain ［M］. London: Policy Studies Institute, 1988.

［64］ Wilkinson S. Towards a New City? A Case Study of Image-improvement Initiatives in Newcastle upon Tyne ［J］. Rebuilding the City: Property-led Urban Regeneration, 1992: 174 – 211.

［65］ Dziembowska – Kowalska J, Funck R H. Cultural Activities: Source of Competitiveness and Prosperity in Urban Regions ［J］. Urban Studies, 1999, 36 （8）: 1381 – 1398.

［66］ Bryan J, Hill S, Munday M, et al. Assessing the Role of the Arts and Cultural Industries in a Local Economy ［J］. Environment and Planning A, 2000, 32 （8）: 1391 – 1408.

［67］ Gazel R C, Schwer R K. Beyond Rock and Roll: The Economic Impact of the Grateful Dead on a Local Economy ［J］. Journal of Cultural Economics, 1997, 21 （1）: 41 – 55.

［68］ Nel E, Binns T. Place Marketing, Tourism Promotion, and Community Based Local Economic Development in Post-apartheid South Africa: The Case of Still Bay—The "Bay of Sleeping Beauty" ［J］. Urban Affairs Review, 2002, 38 （2）: 184 – 208.

［69］ David Throsby. Assessing the Impact of a Cultural Industry ［J］. The Journal of Arts Management, Law, and Society, 2004 （3）: 188 – 204.

［70］ 李建军, 任静一. 文化创意产业的产业关联与波及效应研究——基于上海市投入产出表的实证分析 ［J］. 上海经济研究, 2016 （11）: 93 – 104.

［71］ Bassett K. Urban Cultural Strategies and Urban Regeneration: A Case Study and Critique ［J］. Environment and Planning A, 1993, 25 （12）: 1773 – 1788.

［72］ 戴维·索罗斯比. 文化政策经济学 ［M］. 易昕, 译. 大连: 东北财经大学出版社, 2013.

［73］ Drennan M P. The Information Economy and American Cities ［M］. Maryland: JHU Press, 2002.

［74］ Müller K, Rammer C, Trüby J. The Role of Creative Industries in Industrial Innovation ［J］. Innovation: Organization & Management, 2009, 11 （2）: 148 – 168.

[75] Pratt A C. The Cultural Industries Production System：A Case Study of Employment Change in Britain, 1984 - 91 [J]. Environment and Planning A, 1997, 29 (11)：1953 - 1974.

[76] Scott A J. The Cultural Economy of Cities：Essays on the Geography of Image-Producing Industries [M]. London：Sage Pub. , 2000.

[77] Power D. "Cultural Industries" in Sweden：An Assessment of Their Place in the Swedish Economy [J]. Economic Geography, 2002, 78 (2)：103 - 127.

[78] García M I, Fernández Y, Zofío J L. The Economic Dimension of the Culture and Leisure Industry in Spain：National, Sectoral and Regional Analysis [J]. Journal of Cultural Economics, 2003, 27 (1)：9 - 30.

[79] 周圳祥, 张亚卿. 文化创意产业就业贡献度分析——以北京为例 [J]. 商场现代化, 2014 (14)：191.

[80] 陆桂昌, 陈锐. 文化创意产业对就业增长的影响研究——以北京市为例 [J]. 城市, 2015 (6)：52 - 56.

[81] 安锦, 陈争辉. 中国文化创意产业的就业效应 [J]. 首都经济贸易大学学报（双月刊）, 2015 (1)：68 - 75.

[82] Baumol, W. , Bowen, W. Performing Arts, The Economic Dilemma-a Study of Problems Common to Theater, Opera, Music and Dance [M]. New York：Periodicals Service Co. , 1966：1 - 28.

[83] Bourdieu P. Distinction：A Social Critique of the Judgement of Taste [M] . Cambridge：Harvard University Press, 1984.

[84] Featherstone M. Consumer Culture and Postmodernism [J]. Discourse, 1991, 14 (1)：157 - 160.

[85] Savage M, Barlow J, Dickens P, et al. Property, Bureaucracy and Culture：Middle Class Formation in London [M]. London：Routledge, 1992.

[86] 盛康丽. 文化创意产业内涵与外延——基于文化消费视角的探析 [J]. 中国市场, 2016 (40)：34 - 36.

[87] 刘平. 创意性文化消费路径研究 [J]. 社会科学, 2014 (8)：51 - 58.

[88] 张洁, 凌超, 郁义鸿. 知识产权保护能否促进文化消费？——对文化创意产业的实证研究 [J]. 研究与发展管理, 2015 (6)：77 - 86.

[89] 杨永超，尹新华，李亚卿，徐嘉．文化消费作用下的常州创意产业跨界发展研究 [J]．市场周刊（理论研究），2015（4）：30-31．

[90] De Alessi L. Property Rights, Transaction Costs, and X-Efficiency: An Essay in Economic Theory [J]. The American Economic Review, 1983, 73（1）：64-81.

[91] Farrell M J. The Measurement of Productive Efficiency [J]. Journal of the Royal Statistical Society. Series A（General），1957, 120（3）：253-290.

[92] 郭国峰，郑召锋．我国中部六省文化创意产业发展绩效评价与研究 [J]．中国工业经济，2009（12）：76-85．

[93] 王家庭，张容．基于三阶段 DEA 模型的中国 31 省市文化创意产业投入产出效率研究 [J]．中国软科学，2009（9）：75-82．

[94] 戴新民，徐艳斌．基于 DEA 的传播与文化创意产业上市公司效率评价 [J]．安徽工业大学学报（社会科学版），2011（6）：39-41．

[95] 马萱，郑世林．中国区域文化产业效率研究综述与展望 [J]．经济学动态，2010（3）：83-86．

[96] 韩学周，马萱．基于 DEA 模型的中国文化产业发展效率研究 [J]．云南财经大学学报，2012（3）：146-153．

[97] 袁海，吴振荣．中国省域文化创意产业效率测算及影响因素实证分析 [J]．软科学，2012（3）：72-77．

[98] 陈传宾，周秀玲，孟磊．基于 DEA 模型的北京文化创意产业效率分析 [J]．北京信息科技大学学报（自然科学版），2016（6）：47-51．

[99] 马跃如，白勇，程伟波．基于 SFA 的我国文化创意产业效率及影响因素分析 [J]．统计与决策，2012（8）：97-101．

[100] 董亚娟．区域文化创意产业效率的影响因素研究——基于随机前沿模型的分析 [J]．商业经济与管理，2012（7）：29-39．

[101] Sung-Lin Hsueh, Keng-Hsiu Hsu, Chiung-Ying Liu. A Multi-Criteria Evaluation Model for Developmental Effectiveness in Cultural and Creative Industries [J]. Procedia Engineering, 2012（29）：1755-1761.

[102] 揭志强．我国地区文化创意产业全要素生产率增长状况研究 [J]．统计与决策，2013（1）：141-145．

[103] 王凡一．中国文化产业投入产出效率的动态演进——基于 DEA 模型与 MI 模型

的考察 [J]. 税务与经济, 2015 (4): 41－46.

[104] 乐祥海, 陈晓红. 中国文化创意产业技术效率度量研究: 2000－2011 年 [J]. 中国软科学, 2013 (1): 143－148.

[105] Allen J. Scott. Cultural－Products Industries and Urban Economic Development [J]. Urban Affairs Review, 2004 (4): 461－490.

[106] 郑世林, 葛珺沂. 文化体制改革与文化创意产业全要素生产率增长 [J]. 中国软科学, 2012 (10): 48－58.

[107] 周锦, 闻雯. 基于因子分析的我国文化创意产业发展评价 [J]. 华东经济管理, 2012 (2): 46－50.

[108] Glaeser E L, Kolko J, Saiz A. Consumer City [J]. Journal of Economic Geography, 2001, 1 (1): 27－50.

[109] Florida R. The Rise of the Creative Class [J]. Washington Monthly, 2002, 35 (5): 593－596.

[110] Shahid Yusuf, Kaoru Nabeshima. Creative Industries in East Asia [J]. Cities, 2005 (2): 109－122.

[111] Manning S, Sydow J. Transforming Creative Potential in Project Networks: How TV Movies are Produced Under Network-based Control [J]. Critical Sociology, 2007, 33 (1): 19－42.

[112] Bettiol M, Sedita S R. The Role of Community of Practice in Developing Creative Industry Projects [J]. International Journal of Project Management, 2011, 29 (4): 468－479.

[113] Nahapiet J, Ghoshal S. Social Capital, Intellectual Capital, and the Organizational Advantage [J]. Academy of Management Review, 1998, 23 (2): 242－266.

[114] Enkhbold Chuluunbaatara, Ottaviab, Ding－Bang Luh, Shiann－Far Kung. The Role of Cluster and Social Capital in Cultural and Creative Industries Development [J]. Procedia－Social and Behavioral Sciences, 2014 (109): 552－557.

[115] 汤舒俊, 唐日新. 广告创意人胜任力模型研究 [J]. 怀化学院学报, 2008 (2): 188－190.

[116] 张燕, 王晖, 蔡娟娟. 文化创意人才素质测评指标体系的构建研究 [J]. 现代传播 (中国传媒大学学报), 2009 (4): 115－118.

[117] 王刚, 牛维麟, 杨伟国. 文化产业创意人才素质模型研究 [J]. 国家行政学院

学报，2016（2）：117 – 121.

[118] Dziembowska – Kowalska J，Funck R H. Cultural Activities as a Location Factor in European Competition Between Regions：Concepts and Some Evidence［J］. Annals of Regional Science，2000，34（1）：1 – 12.

[119] Garnham N. Capitalism and Communication：Global Culture and the Economics of Information［M］. London：Sage Pubns，1990.

[120] 岳公正. 贵州文化创意产业的制度约束与市场化改革［J］. 贵阳市委党校学报，2013（3）：15 – 19.

[121] 饶世权，刘咏梅. 论文化创意产业的市场失灵与政府监管［J］. 出版发行研究，2015（1）：18 – 21.

[122] Bresnahan T，Gambardella A，Saxenian A L. 'Old Economy' Inputs for 'New Economy' Outcomes：Cluster Formation in the New Silicon Valleys［J］. Industrial and Corporate Change，2001，10（4）：835 – 860.

[123] Hartley Johned. Creative Industries［M］. Oxford：Blackwell Pub.，2005.

[124] 张翠珍. 文化基础设施对创意产业发展的重要性［J］. 中外企业文化，2015（3）：67 – 69.

[125] 赵阳，魏建. 我国区域文化创意产业技术效率研究——基于随机前沿分析模型的视角［J］. 财经问题研究，2015（1）：30 – 36.

[126] Storper M，Scott A J. The Wealth of Regions：Market Forces and Policy Imperatives in Local and Global Context［J］. Futures，1995，27（5）：505 – 526.

[127] Scott A J. The Cultural Economy：Geography and the Creative Field［J］. Media，Culture & Society，1999，21（6）：807 – 817.

[128] Rantisi N M. The Competitive Foundations of Localized Learning and Innovation：the Case of Women's Garment Production in New York City［J］. Economic Geography，2002，78（4）：441 – 462.

[129] Karenjit Clare. The Essential Role of Place within the Creative Industries：Boundaries，Networks and Play［J］. Cities，2013（34）：52 – 57.

[130] Jane Zheng，Roger Chan. The Impact of Creative Industry Clusters on Cultural and Creative Industry Development in Shanghai［J］City，Culture and Society，2014（5）：9 – 22.

［131］Hanson G H. Scale Economies and the Geographic Concentration of Industry ［J］. Journal of Economic Geography, 2001, 1 (3): 255 - 276.

［132］Duranton G, Puga D. Nursery Cities: Urban Diversity, Process Innovation, and the Life Cycle of Products ［J］. American Economic Review, 2001, 91 (5): 1454 - 1477.

［133］王亚楠, 胡雪艳, 姜照君. 社会资本、市场化程度与文化创意产业创新——来自中小微文化创意企业的调研数据 ［J］. 西北大学学报 (哲学社会科学版), 2016 (6): 104 - 111.

［134］Horii R, Iwaisako T. Economic Growth with Imperfect Protection of Intellectual Property Rights ［J］. Journal of Economics, 2007, 90 (1): 45 - 85.

［135］李瑾. 知识产权保护影响文化创意产业发展的路径及对策 ［J］. 统计与决策, 2016 (2): 179 - 182.

［136］黄永林. 中国文化产业发展战略的历史选择及其特征与经验 ［J］. 同济大学学报 (社会科学版), 2015 (5): 32 - 43.

［137］曹光章. 党的十六大以来的文化体制改革历程 ［J］. 毛泽东邓小平理论研究, 2014 (9): 24 - 28.

［138］余可. 2010 - 2015 中国文化创意产业园类型数量情况 ［R］. 前瞻产业研究院, 2016 - 07 - 10.

［139］吴智扬. 我国文化创意产业发展现状及政策思考 ［D］. 南昌: 江西财经大学, 2013.

［140］宣烨, 高觉民. 外资主导下的产业集群演化分析 ［J］. 国际贸易问题, 2009 (7): 110 - 117.

［141］叶黎黎. FDI 对我国内资企业自主创新能力的作用分析 ［D］. 天津: 天津大学, 2007.

［142］张杰, 高德步, 夏胤磊. 专利能否促进中国经济增长——基于中国专利资助政策视角的一个解释 ［J］. 中国工业经济, 2016 (1): 83 - 98.

［143］毛莉. 推动中国文化阔步走向世界 ［N］. 中国社会科学报, 2017 - 06 - 20.

［144］陈恒. 2016 年我国文化产品出口增长迅速 ［N］. 光明日报, 2017 - 03 - 10.

［145］徐毅. 中国贸易顺差的结构分析与未来展望 ［J］. 国际贸易问题, 2010 (2): 19 - 24.

［146］丁俊杰. 对文化创意产业发展的观察与思考——文化创意产业的市场化 ［J］.

大市场广告导报，2007（1）：62.

[147] 张秉福. 我国文化产业政府规制的现状与问题探析 [J]. 图书与情报，2012（4）：39-47.

[148] 蒋园园，杨秀云. 我国文化创意产业政策与产业生命周期演化的匹配性研究——基于内容分析的方法 [J]. 当代经济科学，2018（1）：94-105.

[149] 廖祖君. 林权私有化程度与经济效率决定——基于四川宝兴县的案例分析 [J]. 农业经济问题，2007（7）：36-40.

[150] 殷国俊. 文化产业吸纳大量人员就业，上半年文化服务业增速强劲 [EB/OL]. 统计局网站，2016-09-02.

[151] 肖兴志. 产权，竞争和规制对我国电力产业的实证影响——兼论电力改革顺序的优化 [J]. 东北财经大学学报，2013（1）：3-10.

[152] Molotch H. LA as Design Product：How Art Works in a Regional Economy [J]. The City：Los Angeles and Urban Theory at the End of the Twentieth Century，1996：225-275.

[153] Molotch H. Place in Product [J]. International Journal of Urban and Regional Research，2002，26（4）：665-688.

[154] Perry M K. Scale Economies，Imperfect Competition，and Public Policy [J]. The Journal of Industrial Economics，1984，32（3）：313-333.

[155] Mankiw N G，Whinston M D. Free Entry and Social Inefficiency [J]. Rand Journal of Economics，1986，17（1）：48-58.

[156] 朱春阳. 创新、规制与效率竞争——2006年中国传媒产业述评 [J]. 新闻大学，2007（2）：10-14.

[157] 徐云鹏. 中国电力生产业的效率：一个基于政府管制的研究视角 [J]. 数理统计与管理，2012（1）：85-95.

[158] 陈代云. 产业组织与公共政策：规制抑或放松规制？ [J]. 外国经济与管理，2000（6）：7-12.

[159] 黄飞，唐建新. 关于基础设施产业经济效率与政府管制关系的若干思考 [J]. 计划与市场，1998（7）：11-12.

[160] 张晔. 新兴战略性产业的进入管制与管制绩效——以我国手机"牌照制度"的实践为例 [J]. 产业经济研究，2009（1）：10-18.

[161] Andres L，Guasch J L，Azumendi S L. Regulatory Governance and Sector Perform-

ance：Methodology and Evaluation for Electricity Distribution in Latin America ［J］. Policy Research Working Paper, 2008 (33)：1 – 33.

［162］Benink B H, Benston G. The Future of Banking Regulation in Developed Countries：Lessons from and for Europe ［J］. Financial Markets Institutions & Instruments, 2010, 14 (5)：289 – 328.

［163］Cubbin, J., Stern, J. The Impact of Regulatory Governance and Privatization on Electricity Industry Generation Capacity in Developing Economies ［J］. World Bank Economic Review, 2006, 20 (1)：115 – 141.

［164］张帆，刘新梅. 网络性基础设施产业有限竞争的效率分析 ［J］. 管理科学, 2004 (3)：76 – 80.

［165］黄文倩. 欧盟银行业市场结构、竞争程度和效率 ［D］. 上海：复旦大学, 2008.

［166］康飞. 我国国有电信业竞争对移动网络投资及效率影响研究 ［D］. 北京：北京邮电大学, 2012.

［167］朱依曦，胡汉辉. 垄断、替代竞争与中国有线电视产业经济效率——基于 SBM – DEA 模型和面板 Tobit 的两阶段分析 ［J］. 南开经济研究, 2015 (4)：121 – 135.

［168］De Alessi L. The Economics of Property Rights：A Review of the Evidence ［J］. Research in Law and Economics, 1980 (2)：1 – 47.

［169］弗鲁博顿. 新制度经济学：一个交易费用分析范式 ［M］. 上海：格致出版社、上海三联书店、上海人民出版社, 2012.

［170］蒋林杰. 我国汽车行业市场结构、产权结构和市场绩效的关系 ［D］. 成都：西南交通大学, 2009.

［171］姚伟峰，邱询旻，杨武. 中国企业产权结构对技术效率影响实证研究 ［J］. 科学学与科学技术管理, 2008 (12)：137 – 140.

［172］王国顺，张涵，邓路. R&D 存量、所有制结构与技术创新效率——高技术产业面板数据的实证研究 ［J］. 湘潭大学学报 (哲学社会科学版), 2010 (2)：71 – 75.

［173］邓伟根，林在进，陈和. 市场化改革、所有权结构与企业技术效率——来自我国上市公司的经验证据：1999 ~ 2008 ［J］. 现代管理科学, 2013 (1)：20 – 22.

［174］常露露，吕德宏. 基于 DEA 的不同产权结构金融机构效率差异研究——以山东区域数据为例 ［J］. 区域金融研究, 2016 (12)：50 – 54.

［175］赵科翔，杨秀云，叶红. 我国"产业空洞化"的特征，机理和化解路径 ［J］.

经济经纬，2016（6）：90 – 95.

[176] Pratt A C，Hutton T A. Reconceptualising the Relationship Between the Creative Economy and the City：Learning from the Financial Crisis [J]. Cities, 2013, 33：86 – 95.

[177] Peck J. Political Economies of Scale：Fast Policy, Interscalar Relations, and Neoliberal Workfare [J]. Economic Geography, 2002, 78（3）：331 – 360.

[178] Pratt A C. Policy Transfer and the Field of the Cultural and Creative Industries：What can be Learned from Europe? [J]. Creative Economies, Creative Cities, 2009：9 – 23.

[179] Greene W. Fixed and Random Effects in Stochastic Frontier Models [J]. Journal of Productivity Analysis, 2005, 23（1）：7 – 32.

[180] 王小鲁，樊纲，余静文. 中国分省份市场化指数报告（2016）[M]. 北京：社会科学文献出版社，2017.

[181] Anselin L. Spatial Econometrics：Methods and Models [J]. Economic Geography, 1988, 65（2）：160 – 162.

[182] Elhorst J P. Dynamic Models in Space and Time [J]. Geographical Analysis, 2001, 33（2）：119 – 140.

[183] 林光平，龙志和，吴梅. 我国地区经济收敛的空间计量实证分析：1978 – 2002 年 [J]. 经济学（季刊），2005（S1）：71 – 86.

[184] 卡尔·马克思. 政治经济学批判 [M]. 北京：人民出版社，1955.

[185] 亚伯拉罕·马斯洛. 人类激励理论 [M]. 北京：中国人民大学出版社，1943.

[186] Moran P A P. Notes on Continuous Stochastic Phenomena [J]. Biometrika, 1950, 37（1/2）：17 – 23.

[187] Geary R C. The Contiguity Ratio and Statistical Mapping [J]. The Incorporated Statistician, 1954, 5（3）：115 – 146, 129.

[188] Getis A, Ord J K. The Analysis of Spatial Association by Use of Distance Statistics [J]. Geographical Analysis, 1992, 24（3）：189 – 206.

[189] 陈强. 高级计量经济学及 Stata 应用 [M]. 第二版. 北京：高等教育出版社，2014.

[190] 杨秀云，赵科翔. 区域性产业同构的演化结果与行为模拟 [J]. 河南社会科学，2016（10）：56 – 61.

[191] 托马斯·C. 谢林. 微观动机与宏观行为 [M]. 谢静，邓子梁，李天有，译.

北京：中国人民大学出版社，2013.

［192］刘瑞明．晋升激励，产业同构与地方保护——一个基于政治控制权收益的解释［J］．南方经济，2007（6）：61－72.

［193］周黎安．晋升博弈中政府官员的激励与合作——兼论我国地方保护主义和重复建设问题长期存在的原因［J］．经济研究，2004（6）：33－40.

［194］周雪光．基层政府间的"共谋现象"——一个政府行为的制度逻辑［J］．开放经济，2009（12）：40－55.

附录 1 空间邻

省份	北京	天津	河北	山西	内蒙古	辽宁	吉林	黑龙江	上海	江苏	浙江	安徽	福建	江西	山东
北京	0	1	1	0	0	0	0	0	0	0	0	0	0	0	0
天津	1	0	1	0	0	0	0	0	0	0	0	0	0	0	0
河北	1	1	0	1	1	1	0	0	0	0	0	0	0	0	1
山西	0	0	1	0	1	0	0	0	0	0	0	0	0	0	0
内蒙古	0	0	1	1	0	1	1	1	0	0	0	0	0	0	0
辽宁	0	0	1	0	1	0	1	0	0	0	0	0	0	0	0
吉林	0	0	0	0	1	1	0	1	0	0	0	0	0	0	0
黑龙江	0	0	0	0	1	0	1	0	0	0	0	0	0	0	0
上海	0	0	0	0	0	0	0	0	0	1	1	0	0	0	0
江苏	0	0	0	0	0	0	0	0	1	0	1	1	0	0	1
浙江	0	0	0	0	0	0	0	0	1	1	0	1	1	1	0
安徽	0	0	0	0	0	0	0	0	0	1	1	0	0	1	0
福建	0	0	0	0	0	0	0	0	0	0	1	0	0	1	0
江西	0	0	0	0	0	0	0	0	0	0	1	1	1	0	0
山东	0	0	1	0	0	0	0	0	0	1	0	0	0	0	0
河南	0	0	1	1	0	0	0	0	0	0	0	1	0	0	1
湖北	0	0	0	0	0	0	0	0	0	0	0	1	0	1	0
湖南	0	0	0	0	0	0	0	0	0	0	0	0	0	1	0
广东	0	0	0	0	0	0	0	0	0	0	0	0	1	1	0
广西	0	0	0	0	0	0	0	0	0	0	0	0	0	0	0
海南	0	0	0	0	0	0	0	0	0	0	0	0	0	0	0
重庆	0	0	0	0	0	0	0	0	0	0	0	0	0	0	0
四川	0	0	0	0	0	0	0	0	0	0	0	0	0	0	0
贵州	0	0	0	0	0	0	0	0	0	0	0	0	0	0	0
云南	0	0	0	0	0	0	0	0	0	0	0	0	0	0	0
西藏	0	0	0	0	0	0	0	0	0	0	0	0	0	0	0
陕西	0	0	0	1	1	0	0	0	0	0	0	0	0	0	0
甘肃	0	0	0	0	1	0	0	0	0	0	0	0	0	0	0
青海	0	0	0	0	0	0	0	0	0	0	0	0	0	0	0
宁夏	0	0	0	0	1	0	0	0	0	0	0	0	0	0	0
新疆	0	0	0	0	0	0	0	0	0	0	0	0	0	0	0

接矩阵

河南	湖北	湖南	广东	广西	海南	重庆	四川	贵州	云南	西藏	陕西	甘肃	青海	宁夏	新疆
0	0	0	0	0	0	0	0	0	0	0	0	0	0	0	0
0	0	0	0	0	0	0	0	0	0	0	0	0	0	0	0
1	0	0	0	0	0	0	0	0	0	0	0	0	0	0	0
1	0	0	0	0	0	0	0	0	0	0	1	0	0	0	0
0	0	0	0	0	0	0	0	0	0	1	1	0	1	0	0
0	0	0	0	0	0	0	0	0	0	0	0	0	0	0	0
0	0	0	0	0	0	0	0	0	0	0	0	0	0	0	0
0	0	0	0	0	0	0	0	0	0	0	0	0	0	0	0
0	0	0	0	0	0	0	0	0	0	0	0	0	0	0	0
0	0	0	0	0	0	0	0	0	0	0	0	0	0	0	0
1	1	0	0	0	0	0	0	0	0	0	0	0	0	0	0
0	0	0	1	0	0	0	0	0	0	0	0	0	0	0	0
0	1	1	1	0	0	0	0	0	0	0	0	0	0	0	0
1	0	0	0	0	0	0	0	0	0	0	0	0	0	0	0
0	1	0	0	0	0	0	0	0	0	0	1	0	0	0	0
1	0	1	0	0	0	1	0	0	0	0	1	0	0	0	0
0	1	0	1	1	0	1	0	1	0	0	0	0	0	0	0
0	0	1	0	1	1	0	0	0	0	0	0	0	0	0	0
0	0	1	1	0	0	0	0	1	1	0	0	0	0	0	0
0	0	0	1	0	0	0	0	0	0	0	0	0	0	0	0
0	1	1	0	0	0	0	1	1	0	0	1	0	0	0	0
0	0	0	0	0	0	1	0	1	1	1	1	1	1	0	0
0	0	1	0	1	0	1	1	0	1	0	0	0	0	0	0
0	0	0	0	1	0	0	1	1	0	1	0	0	0	0	0
0	0	0	0	0	0	0	1	0	1	0	0	0	1	0	1
1	1	0	0	0	0	1	1	0	0	0	0	1	0	1	0
0	0	0	0	0	0	0	1	0	0	0	1	0	1	1	1
0	0	0	0	0	0	0	1	0	0	1	0	1	0	0	1
0	0	0	0	0	0	0	0	0	0	0	1	1	0	0	0
0	0	0	0	0	0	0	0	0	0	1	0	1	1	0	0

附录 2 空间地理

省份	北京	天津	河北	山西	内蒙古	辽宁	吉林	黑龙江	上海	江苏	浙江	安徽	福建	江西	山东
北京	0	0.009652	0.003702	0.002462	0.002449	0.00161	0.00117	0.000948	0.000939	0.001111	0.000888	0.001113	0.000642	0.000801	0.002731
天津	0.009652	0	0.003749	0.002346	0.002022	0.001655	0.001168	0.000936	0.001039	0.001242	0.000973	0.001232	0.000682	0.000855	0.003568
河北	0.003702	0.003749	0	0.005966	0.002597	0.001149	0.000895	0.000756	0.001009	0.001288	0.000988	0.001362	0.000712	0.000954	0.003667
山西	0.002462	0.002346	0.005966	0	0.002989	0.000977	0.000793	0.000686	0.00091	0.001158	0.00091	0.001256	0.000687	0.000938	0.002406
内蒙古	0.002449	0.002022	0.002597	0.002989	0	0.001026	0.000862	0.000757	0.000728	0.000861	0.000716	0.0009	0.000562	0.000715	0.001544
辽宁	0.00161	0.001655	0.001149	0.000977	0.001026	0	0.003639	0.001966	0.00084	0.00086	0.000756	0.00081	0.000558	0.00062	0.001253
吉林	0.00117	0.001168	0.000895	0.000793	0.000862	0.003639	0	0.004252	0.000692	0.000698	0.000632	0.000663	0.000488	0.00053	0.000936
黑龙江	0.000948	0.000936	0.000756	0.000686	0.000757	0.001966	0.004252	0	0.000597	0.0006	0.000551	0.000574	0.000438	0.000472	0.000772
上海	0.000939	0.001039	0.001009	0.00091	0.000728	0.00084	0.000692	0.000597	0	0.003757	0.005913	0.002486	0.001637	0.001637	0.001372
江苏	0.001111	0.001242	0.001288	0.001158	0.000861	0.00086	0.000698	0.0006	0.003757	0	0.004235	0.006844	0.001508	0.002133	0.001857
浙江	0.000888	0.000973	0.000988	0.00091	0.000716	0.000756	0.000632	0.000551	0.005913	0.004235	0	0.003071	0.002133	0.002227	0.0013
安徽	0.001113	0.001232	0.001362	0.001256	0.0009	0.00081	0.000663	0.000574	0.002486	0.006844	0.003071	0	0.001492	0.002645	0.001878
福建	0.000642	0.000682	0.000712	0.000687	0.000562	0.000558	0.000488	0.000438	0.001637	0.001508	0.002133	0.001492	0	0.002245	0.000838
江西	0.000801	0.000855	0.000954	0.000938	0.000715	0.00062	0.00053	0.000472	0.001637	0.002133	0.002227	0.002645	0.002245	0	0.001123
山东	0.002731	0.003568	0.003667	0.002406	0.001544	0.001253	0.000936	0.000772	0.001372	0.001857	0.0013	0.001878	0.000838	0.001123	0
河南	0.001619	0.001742	0.002732	0.002811	0.00145	0.000869	0.000706	0.000611	0.00121	0.001764	0.001267	0.002135	0.000903	0.001408	0.00277
湖北	0.000952	0.001017	0.001212	0.001216	0.000864	0.000673	0.000568	0.000502	0.001463	0.002203	0.001793	0.003203	0.001431	0.003843	0.001404
湖南	0.000746	0.000782	0.000906	0.000928	0.00071	0.00056	0.000485	0.000436	0.001128	0.001417	0.001369	0.001721	0.001502	0.003499	0.000989
广东	0.000529	0.00055	0.000602	0.00061	0.000507	0.000438	0.000391	0.000358	0.000824	0.000884	0.000957	0.000954	0.001441	0.001492	0.000648
广西	0.000488	0.0005	0.000558	0.00058	0.000493	0.000394	0.000356	0.000329	0.000624	0.000686	0.000697	0.000747	0.000856	0.001002	0.000572
海南	0.000448	0.00046	0.000503	0.000515	0.000442	0.000375	0.00034	0.000315	0.000613	0.000652	0.000684	0.000695	0.000905	0.000938	0.000525
重庆	0.000682	0.000691	0.000837	0.000925	0.000745	0.00049	0.000435	0.000398	0.000692	0.000829	0.000761	0.000943	0.000762	0.001097	0.000798
四川	0.000658	0.000658	0.000796	0.000895	0.000754	0.000471	0.000421	0.000388	0.000603	0.00071	0.00065	0.000792	0.000636	0.000863	0.000732
贵州	0.000577	0.000587	0.000682	0.00073	0.000606	0.000439	0.000393	0.000361	0.000655	0.000756	0.000727	0.000845	0.000796	0.001072	0.000675
云南	0.000479	0.000484	0.000551	0.000589	0.000514	0.000376	0.000342	0.000319	0.000513	0.000574	0.000556	0.000624	0.000605	0.000739	0.000536
西藏	0.00039	0.000385	0.000428	0.000461	0.000447	0.000314	0.000295	0.000281	0.000345	0.000378	0.000359	0.0004	0.000359	0.000417	0.000397
陕西	0.00109	0.001092	0.001534	0.001929	0.001296	0.000658	0.000565	0.000507	0.000818	0.001045	0.000871	0.001209	0.000741	0.001104	0.001283
甘肃	0.000842	0.000816	0.001031	0.001245	0.001145	0.000554	0.000495	0.000456	0.000582	0.000689	0.000606	0.000754	0.000543	0.000717	0.000846
青海	0.00075	0.000724	0.000882	0.001035	0.001013	0.000514	0.000466	0.000434	0.000523	0.000607	0.000542	0.000657	0.000492	0.00063	0.000736
宁夏	0.001115	0.001052	0.001394	0.001806	0.001823	0.000664	0.000586	0.000535	0.000627	0.000747	0.000642	0.00081	0.000547	0.000718	0.001036
新疆	0.000414	0.000399	0.000428	0.000456	0.000498	0.000344	0.000333	0.000327	0.000306	0.000332	0.00031	0.000344	0.000289	0.000331	0.000384

距离矩阵

河南	湖北	湖南	广东	广西	海南	重庆	四川	贵州	云南	西藏	陕西	甘肃	青海	宁夏	新疆
0.001619	0.000952	0.000746	0.000529	0.000488	0.000448	0.000682	0.000658	0.000577	0.000479	0.00039	0.00109	0.000842	0.00075	0.001115	0.000414
0.001742	0.001017	0.000782	0.00055	0.0005	0.00046	0.000691	0.000658	0.000587	0.000484	0.000385	0.001092	0.000816	0.000724	0.001052	0.000399
0.002732	0.001212	0.000906	0.000602	0.000558	0.000503	0.000837	0.000796	0.000682	0.000551	0.000428	0.001534	0.001031	0.000882	0.001394	0.000428
0.002811	0.001216	0.000928	0.00061	0.00058	0.000515	0.000925	0.000895	0.00073	0.000589	0.000461	0.001929	0.001245	0.001035	0.001806	0.000456
0.00145	0.000864	0.00071	0.000507	0.000493	0.000442	0.000745	0.000754	0.000606	0.000514	0.000447	0.001296	0.001145	0.001013	0.001823	0.000498
0.000869	0.000673	0.00056	0.000438	0.000394	0.000375	0.00049	0.000471	0.000439	0.000376	0.000314	0.000658	0.000554	0.000514	0.000664	0.000344
0.000706	0.000568	0.000485	0.000391	0.000356	0.00034	0.000435	0.000421	0.000393	0.000342	0.000295	0.000565	0.000495	0.000466	0.000586	0.000333
0.000611	0.000502	0.000436	0.000358	0.000329	0.000315	0.000398	0.000388	0.000361	0.000319	0.000281	0.000507	0.000456	0.000434	0.000535	0.000327
0.00121	0.001463	0.001128	0.000824	0.000624	0.000613	0.000692	0.000603	0.000655	0.000513	0.000345	0.000818	0.000582	0.000523	0.000627	0.000306
0.001764	0.002203	0.001417	0.000884	0.000686	0.000652	0.000829	0.00071	0.000756	0.000574	0.000378	0.001045	0.000689	0.000607	0.000747	0.000332
0.001267	0.001793	0.001369	0.000957	0.000697	0.000684	0.000761	0.00065	0.000727	0.000556	0.000359	0.000871	0.000606	0.000542	0.000642	0.00031
0.002135	0.003203	0.001721	0.000954	0.000747	0.000695	0.000943	0.000792	0.000845	0.000624	0.0004	0.001209	0.000754	0.000657	0.00081	0.000344
0.000903	0.001431	0.001502	0.001441	0.000856	0.000905	0.000762	0.000636	0.000796	0.000605	0.000359	0.000741	0.000543	0.000492	0.000547	0.000289
0.001408	0.003843	0.003499	0.001492	0.001002	0.000938	0.001097	0.000863	0.001072	0.000739	0.000417	0.001104	0.000717	0.00063	0.000718	0.000331
0.00277	0.001404	0.000989	0.000648	0.000572	0.000525	0.000798	0.000732	0.000675	0.000536	0.000397	0.001283	0.000846	0.000736	0.001036	0.000384
0	0.002132	0.001354	0.00077	0.000698	0.000616	0.00112	0.00099	0.000884	0.000663	0.000457	0.002254	0.001104	0.000911	0.001297	0.000409
0.002132	0	0.003328	0.001192	0.000948	0.000838	0.001313	0.001018	0.001148	0.000775	0.000449	0.001532	0.00087	0.000745	0.000883	0.000361
0.001354	0.003328	0	0.001779	0.001316	0.001118	0.001545	0.001104	0.001546	0.000937	0.00047	0.001281	0.000814	0.000708	0.000775	0.000351
0.00077	0.001192	0.001779	0	0.001981	0.002387	0.001024	0.00081	0.001309	0.000931	0.000433	0.000764	0.000588	0.000537	0.000551	0.000305
0.000698	0.000948	0.001316	0.001981	0	0.003051	0.001299	0.001032	0.002213	0.001646	0.000534	0.000784	0.000651	0.000601	0.000575	0.000332
0.000616	0.000838	0.001118	0.002387	0.003051	0	0.000932	0.000776	0.001299	0.001094	0.000459	0.000651	0.000543	0.000506	0.000495	0.0003
0.00112	0.001313	0.001545	0.001024	0.001299	0.000932	0	0.003754	0.003045	0.001611	0.000674	0.001749	0.001303	0.001103	0.001022	0.000434
0.00099	0.001018	0.001104	0.00081	0.001032	0.000776	0.003754	0	0.001926	0.001564	0.000803	0.001653	0.001664	0.00143	0.00114	0.000486
0.000884	0.001148	0.001546	0.001309	0.002213	0.001299	0.003045	0.001926	0	0.002367	0.000641	0.001136	0.00092	0.000826	0.000765	0.000389
0.000663	0.000775	0.000937	0.000931	0.001646	0.001094	0.001611	0.001564	0.002367	0	0.00079	0.000845	0.000812	0.00077	0.000659	0.000399
0.000457	0.000449	0.00047	0.000433	0.000534	0.000459	0.000674	0.000803	0.000641	0.00079	0	0.000573	0.000726	0.000799	0.000592	0.000624
0.002254	0.001532	0.001281	0.000764	0.000784	0.000651	0.001749	0.001653	0.001136	0.000845	0.000573	0	0.001989	0.001431	0.001961	0.000473
0.001104	0.00087	0.000814	0.000588	0.000651	0.000543	0.001303	0.001664	0.00092	0.000812	0.000726	0.001989	0	0.005099	0.002994	0.000615
0.000911	0.000745	0.000708	0.000537	0.000601	0.000506	0.001103	0.00143	0.000826	0.00077	0.000799	0.001431	0.005099	0	0.002268	0.000695
0.001297	0.000883	0.000775	0.000551	0.000575	0.000495	0.001022	0.00114	0.000765	0.000659	0.000592	0.001961	0.002994	0.002268	0	0.000597
0.000409	0.000361	0.000351	0.000305	0.000332	0.0003	0.000434	0.000486	0.000389	0.000399	0.000624	0.000473	0.000615	0.000695	0.000597	0

附录3 　　　　　　　　　　　　　　　　　　　　　　　　　　**空间经济**

省份	北京	天津	河北	山西	内蒙古	辽宁	吉林	黑龙江	上海	江苏	浙江	安徽	福建	江西	山东
北京	0	11.3379	0.1983	0.1865	0.3688	0.3115	0.2263	0.1954	112.3596	0.5206	0.4243	0.1748	0.2919	0.1764	0.2898
天津	11.3379	0	0.1949	0.1834	0.3572	0.3032	0.2218	0.1921	12.6103	0.4977	0.4089	0.1721	0.2845	0.1737	0.2825
河北	0.1983	0.1949	0	3.1201	0.4291	0.5459	1.6059	13.1926	0.198	0.3204	0.3724	1.4715	0.6187	1.5964	0.6284
山西	0.1865	0.1834	3.1201	0	0.3772	0.4646	1.0602	4.0866	0.1862	0.2905	0.3327	2.7847	0.5163	3.269	0.523
内蒙古	0.3688	0.3572	0.4291	0.3772	0	2.0052	0.5855	0.4155	0.3676	1.2645	2.8201	0.3322	1.3996	0.3382	1.3526
辽宁	0.3115	0.3032	0.5459	0.4646	2.0052	0	0.8269	0.5242	0.3106	0.7755	1.1719	0.3982	4.6339	0.4068	4.1563
吉林	0.2263	0.2218	1.6059	1.0602	0.5855	0.8269	0	1.4316	0.2258	0.4002	0.4848	0.7679	1.0065	0.8006	1.0323
黑龙江	0.1954	0.1921	13.1926	4.0866	0.4155	0.5242	1.4316	0	0.195	0.3128	0.3622	1.6562	0.591	1.8162	0.5998
上海	112.3596	12.6103	0.198	0.1862	0.3676	0.3106	0.2258	0.195	0	0.5182	0.4227	0.1745	0.2911	0.1761	0.289
江苏	0.5206	0.4977	0.3204	0.2905	1.2645	0.7755	0.4002	0.3128	0.5182	0	2.2925	0.2631	0.6643	0.2668	0.6536
浙江	0.4243	0.4089	0.3724	0.3327	2.8201	1.1719	0.4848	0.3622	0.4227	2.2925	0	0.2972	0.9354	0.302	0.9142
安徽	0.1748	0.1721	1.4715	2.7847	0.3322	0.3982	0.7679	1.6562	0.1745	0.2631	0.2972	0	0.4356	18.797	0.4403
福建	0.2919	0.2845	0.6187	0.5163	1.3996	4.6339	1.0065	0.591	0.2911	0.6643	0.9354	0.4356	0	0.4459	40.3226
江西	0.1764	0.1737	1.5964	3.269	0.3382	0.4068	0.8006	1.8162	0.1761	0.2668	0.302	18.797	0.4459	0	0.4509
山东	0.2898	0.2825	0.6284	0.523	1.3526	4.1563	1.0323	0.5998	0.289	0.6536	0.9142	0.4403	40.3226	0.4509	0
河南	0.1856	0.1826	2.8868	38.61	0.3735	0.4591	1.0319	3.6955	0.1853	0.2884	0.3298	3.0012	0.5095	3.5714	0.516
湖北	0.2092	0.2054	3.8139	1.7161	0.4834	0.637	2.7739	2.9586	0.2088	0.3497	0.4127	1.0618	0.7386	1.1254	0.7523
湖南	0.1904	0.1873	4.7962	8.9286	0.3938	0.4901	1.2031	7.5358	0.1901	0.3003	0.3456	2.1227	0.548	2.3929	0.5556
广东	0.3176	0.3089	0.5281	0.4517	2.2873	16.2602	0.7869	0.5078	0.3167	0.8143	1.2629	0.3886	3.6062	0.3968	3.3102
广西	0.1729	0.1703	1.349	2.3764	0.3255	0.3886	0.7331	1.5026	0.1726	0.2589	0.2918	16.2075	0.4242	8.7032	0.4287
海南	0.1863	0.1833	3.0836	263.1579	0.3766	0.4638	1.056	4.0241	0.186	0.2902	0.3323	2.8145	0.5153	3.3102	0.522
重庆	0.2112	0.2073	3.2563	1.5934	0.4942	0.6558	3.1686	2.6116	0.2108	0.3553	0.4205	1.0135	0.7639	1.0712	0.7786
四川	0.1771	0.1744	1.6576	3.5361	0.3408	0.4106	0.8157	1.8957	0.1768	0.2685	0.3041	13.1062	0.4506	43.29	0.4556
贵州	0.155	0.1529	0.7095	0.9183	0.2674	0.3085	0.4921	0.7498	0.1548	0.2207	0.2442	1.3701	0.3305	1.277	0.3332
云南	0.1595	0.1573	0.8154	1.1039	0.2811	0.327	0.5408	0.8691	0.1593	0.23	0.2556	1.8288	0.3518	1.6667	0.3549
西藏	0.163	0.1607	0.9147	1.2942	0.2921	0.3419	0.5828	0.9829	0.1627	0.2373	0.2647	2.4178	0.3691	2.1422	0.3725
陕西	0.2064	0.2027	5.0813	1.9331	0.4686	0.6115	2.348	3.6684	0.206	0.3419	0.4018	1.141	0.7045	1.2148	0.7171
甘肃	0.1583	0.1561	0.7841	1.0472	0.2773	0.3218	0.5268	0.8336	0.1581	0.2274	0.2525	1.6784	0.3458	1.5408	0.3488
青海	0.1886	0.1855	3.8462	16.5289	0.386	0.478	1.1329	5.4289	0.1883	0.2957	0.3395	2.3832	0.533	2.7293	0.5401
宁夏	0.1979	0.1945	91.7431	3.23	0.4271	0.5426	1.5783	15.4083	0.1975	0.3192	0.3709	1.4954	0.6146	1.6247	0.6241
新疆	0.1902	0.187	4.6275	9.5785	0.3926	0.4883	1.1922	7.1276	0.1898	0.2996	0.3447	2.1575	0.5458	2.4372	0.5533

距离矩阵

河南	湖北	湖南	广东	广西	海南	重庆	四川	贵州	云南	西藏	陕西	甘肃	青海	宁夏	新疆
0.1856	0.2092	0.1904	0.3176	0.1729	0.1863	0.2112	0.1771	0.155	0.1595	0.163	0.2064	0.1583	0.1886	0.1979	0.1902
0.1826	0.2054	0.1873	0.3089	0.1703	0.1833	0.2073	0.1744	0.1529	0.1573	0.1607	0.2027	0.1561	0.1855	0.1945	0.187
2.8868	3.8139	4.7962	0.5281	1.349	3.0836	3.2563	1.6576	0.7095	0.8154	0.9147	5.0813	0.7841	3.8462	91.7431	4.6275
38.61	1.7161	8.9286	0.4517	2.3764	263.1579	1.5934	3.5361	0.9183	1.1039	1.2942	1.9331	1.0472	16.5289	3.23	9.5785
0.3735	0.4834	0.3938	2.2873	0.3255	0.3766	0.4942	0.3408	0.2674	0.2811	0.2921	0.4686	0.2773	0.386	0.4271	0.3926
0.4591	0.637	0.4901	16.2602	0.3886	0.4638	0.6558	0.4106	0.3085	0.327	0.3419	0.6115	0.3218	0.478	0.5426	0.4883
1.0319	2.7739	1.2031	0.7869	0.7331	1.056	3.1686	0.8157	0.4921	0.5408	0.5828	2.348	0.5268	1.1329	1.5783	1.1922
3.6955	2.9586	7.5358	0.5078	1.5026	4.0241	2.6116	1.8957	0.7498	0.8691	0.9829	3.6684	0.8336	5.4289	15.4083	7.1276
0.1853	0.2088	0.1901	0.3167	0.1726	0.186	0.2108	0.1768	0.1548	0.1593	0.1627	0.206	0.1581	0.1883	0.1975	0.1898
0.2884	0.3497	0.3003	0.8143	0.2589	0.2902	0.3553	0.2685	0.2207	0.23	0.2373	0.3419	0.2274	0.2957	0.3192	0.2996
0.3298	0.4127	0.3456	1.2629	0.2918	0.3323	0.4205	0.3041	0.2442	0.2556	0.2647	0.4018	0.2525	0.3395	0.3709	0.3447
3.0012	1.0618	2.1227	0.3886	16.2075	2.8145	1.0135	13.1062	1.3701	1.8288	2.4178	1.141	1.6784	2.3832	1.4954	2.1575
0.5095	0.7386	0.548	3.6062	0.4242	0.5153	0.7639	0.4506	0.3305	0.3518	0.3691	0.7045	0.3458	0.533	0.6146	0.5458
3.5714	1.1254	2.3929	0.3968	8.7032	3.3102	1.0712	43.29	1.277	1.6667	2.1422	1.2148	1.5408	2.7293	1.6247	2.4372
0.516	0.7523	0.5556	3.3102	0.4287	0.522	0.7786	0.4556	0.3332	0.3549	0.3725	0.7171	0.3488	0.5401	0.6241	0.5533
0	1.6431	7.2516	0.4464	2.5323	45.2489	1.5302	3.8926	0.9406	1.1364	1.339	1.8409	1.0764	11.5741	2.9806	7.6746
1.6431	0	2.1245	0.613	0.9965	1.705	22.2717	1.1554	0.5982	0.6718	0.7378	15.2905	0.6504	1.915	3.6617	2.0907
7.2516	2.1245	0	0.4757	1.8769	8.6356	1.9395	2.5329	0.8326	0.9824	1.1303	2.4673	0.9373	19.4175	5.0607	131.5789
0.4464	0.613	0.4757	0	0.3795	0.4509	0.6304	0.4005	0.3028	0.3205	0.3348	0.5894	0.3156	0.4644	0.5251	0.474
2.5323	0.9965	1.8769	0.3795	0	2.3981	0.9538	7.2464	1.4966	2.0614	2.8417	1.066	1.8723	2.0777	1.3691	1.904
45.2489	1.705	8.6356	0.4509	2.3981	0	1.5838	3.5842	0.9215	1.1085	1.3006	1.919	1.0514	15.5521	3.1908	9.2421
1.5302	22.2717	1.9395	0.6304	0.9538	1.5838	0	1.0984	0.5825	0.6521	0.7141	9.0662	0.6319	1.7634	3.1447	1.9113
3.8926	1.1554	2.5329	0.4005	7.2464	3.5842	1.0984	0	1.2404	1.6049	2.0412	1.2498	1.4879	2.9129	1.688	2.5826
0.9406	0.5982	0.8326	0.3028	1.4966	0.9215	0.5825	1.2404	0	5.4615	3.1616	0.6225	7.4571	0.8699	0.715	0.8379
1.1364	0.6718	0.9824	0.3205	2.0614	1.1085	0.6521	1.6049	5.4615	0	7.5075	0.7026	20.4082	1.0348	0.8227	0.9898
1.339	0.7378	1.1303	0.3348	2.8417	1.3006	0.7141	2.0412	3.1616	7.5075	0	0.7752	5.4885	1.2002	0.924	1.1401
1.8409	15.2905	2.4673	0.5894	1.066	1.919	9.0662	1.2498	0.6225	0.7026	0.7752	0	0.6793	2.1891	4.8146	2.4219
1.0764	0.6504	0.9373	0.3156	1.8723	1.0514	0.6319	1.4879	7.4571	20.4082	5.4885	0.6793	0	0.9848	0.7908	0.944
11.5741	1.915	19.4175	0.4644	2.0777	15.5521	1.7634	2.9129	0.8699	1.0348	1.2002	2.1891	0.9848	0	4.0145	22.779
2.9806	3.6617	5.0607	0.5251	1.3691	3.1908	3.1447	1.688	0.715	0.8227	0.924	4.8146	0.7908	4.0145	0	4.8733
7.6746	2.0907	131.5789	0.474	1.904	9.2421	1.9113	2.5826	0.8379	0.9898	1.1401	2.4219	0.944	22.779	4.8733	0